农民实用知识读本

烟花爆竹营销注意事项

林　武　主编

中国财政经济出版社

图书在版编目（CIP）数据

烟花爆竹营销注意事项/林武主编. —北京：中国财政经济出版社，2009.8

（农民实用知识读本）

ISBN 978 -7 -5095 -1642 -3

Ⅰ.烟… Ⅱ.林… Ⅲ.①爆竹－市场营销学－职业教育－教材②爆竹－安全管理－职业教育－教材 Ⅳ.F767 TQ567.9

中国版本图书馆 CIP 数据核字（2009）第 093331 号

责任编辑：高金利　　责任校对：黄亚青

封面设计：陈　瑶　　版式设计：兰　波

中国财政经济出版社出版

URL：http：//www.cfeph.cn

E－mail：cfeph@cfeph.cn

社址：北京市海淀区阜成路甲 28 号　邮政编码：100142

发行处电话：88190406　财经书店电话：64033436

北京财经印刷厂印刷　各地新华书店经销

850×1168毫米　32 开　3.875印张　88 000 字

2010年 11 月第 1版　2010 年 11月北京第 1次印刷

印数：1—2 000　定价：15.00 元

ISBN 978 －7－5095 －1642 －3/F·1418

（图书出现印装问题，本社负责调换）

本社质量投诉电话：010－88190744

烟花爆竹营销注意事项

总 策 划　　胡东华

主　　编　　林　武

编写人员　　吕宙飞　蔡国军　高永军

温　晴　韩　冰

前　言

——写给打算营销烟花爆竹和正在经营烟花爆竹的朋友们

朋友们，当我们打算编辑一本与烟花爆竹营销有关的书时，最想强调的就是“安全”两个字。

近年来由于经营与燃放烟花爆竹不当而引发的重大事故显示，不光是燃放烟花爆竹要强调安全，经营烟花爆竹也要强调安全。本书认为，要保证安全，尽量减少事故发生的首要一点就是要对烟花爆竹的成分与危险性有必要的了解，加强经营与燃放者自身的安全意识，其次才是对法律法规的执行。

掌握了必要的安全及性能知识，在经营烟花爆竹的过程中也可在店内张贴安全警示图，或者对购买者进行一些安全知识方面的宣传。

本书为欲从事烟花爆竹营销行业的人员提供专业的指导，包括应了解的相关法律法规、经营烟花爆竹的许可证的申请与审批、烟花爆竹储存与运输的注意事项等等。

希望广大读者能从中获得收益，在营销和燃放烟花爆竹时需谨记：

安全要牢记，　　　　安全是效益；

参与保平安，　　意识要增强；
管理要到位，　　措施要到位；
工作莫大意，　　办事守规程；
操作要标准，　　绝对不违章；
不投机取巧，　　不简化作业；
不侥幸行事，　　要吸取教训；
防流血事故，　　安全是幸福；
安全是责任，　　安全记心头。

编　者

于北京轻工职业技术学院

目录

第一章 烟花爆竹为什么是危险的

2009年的元宵节，CCTV中央电视台北配楼起火，估计直接财产损失达到50亿。而这起近年来最严重的火灾，据调查，是由业主违章燃放烟花爆竹引发的。

中国的首都北京，春节禁放烟花爆竹已经有十余年了，究其原因，无非就是担心发生火灾与人身伤害。

随着改革开放30年，国民经济发展了、人民群众富裕了，中华民族的民族传统和文化凝聚力问题也得到高度重视。

而且，也不光是中国人喜欢烟花爆竹，世界上各种大型活动，人们首先都想到用烟花爆竹来吸引眼球、增加气氛。

现在，随着多年的禁令被解除，烟花爆竹的灾害隐患又突出显示出来了，2008～2009年在广东省、福建省出现烟花爆竹引起的重大群死群伤事件中，人们不得不重新重视烟花爆竹的安全问题。

第一节　了解烟花爆竹的种类

烟花爆竹品种繁多，分类方法各有不同。过去一般把烟花爆竹简单分为烟花（烟火）和炮竹（爆竹）两大类，但随着品种不断增加，这种分类已不能适应。

一、民间按照烟花爆竹不同运动形式和燃放效果分类，一般可分为十三类

1. 喷花类；
2. 旋转类；
3. 旋转升空类；
4. 火箭类；
5. 吐珠类；
6. 线香类；
7. 小礼花类；
8. 烟雾类；
9. 造型玩具类；
10. 爆竹类；
11. 摩擦炮类；
12. 组合烟花类；
13. 礼花弹类。

二、烟花爆竹生产厂家按照爆竹燃放效果和制造工艺分类，一般可分为以下九类

1. 喷花类：燃放时以喷射火苗、火花为主的产品。

2. 旋转类：燃放时烟花主体自身旋转的产品（旋转升空的产品不列入此类）。

3. 升空类：燃放时，由定向器定向升空的产品。

4. 吐珠类：燃放时从同一筒体内有规律地发射出多颗彩珠，彩花，响炮等的产品。

5. 线香类：用装饰纸或薄纸筒裹装烟火药，或在铁丝、竹杆、木杆或纸片上涂敷烟火药形成的线香状产品。

6. 地面礼花类：燃放时放置在地面，从主体内发射并在空中爆发出珠花、响炮、笛音或飘动物等效果的产品。

7. 烟雾类：燃放时以产生烟雾效果为主的产品。

8. 造型玩具类：产品外壳制成各种形状，燃放时或燃放后能模仿所造的形象或动作；或产品外表无造型，但燃放时或燃放后能产生某种形象的产品。

9. 小礼花弹类（直径不大于38毫米）：弹体从发射筒中发射到空中后，能爆发出各种花型图案或其他效果的产品。

三、爆竹产品分为以下四类

1. 硝酸盐炮类：以硝酸盐为氧化剂的爆响药制成的产品，含有金属粉的硝酸盐炮又称为硝光炮。

2. 高氯酸盐炮类：以高氯酸盐为氧化剂的爆响药制成的产品。

3. 氯酸盐炮类：凡含有氯酸盐为氧化剂的爆响药制成的产品，含有金属粉的高氯酸盐、氯酸盐炮又称为电光炮。

4. 其他炮类：以其他非禁用药物作爆响药制成的产品。

四、国家《烟花爆竹安全与质量》中分类按照产品的药量及所能构成的危险性分为A、B、C、D四级

A级：适应于由专业燃放人员燃放，在特定条件下燃放的产品。

B级：适应于室外大的开放空间燃放的产品，当按照说明燃放时，距离产品及其燃放轨迹25米以上的人或财产不应受到伤害。

C级：适应于室外相对开放的空间燃放的产品，当按照说明燃放时，距离产品及其燃放轨迹 5 米以上的人或财产不应受到伤害。对于手持类产品，手持者不应受到伤害。

D 级：适应于近距离燃放，当按照说明燃放时，距离产品及其燃放轨迹 1 米以上的人或财产不应受到伤害。对于手持类产品，手持者不应受到伤害。

同时规定，吐珠类（如彩珠筒）、摩擦类（如摔炮）、旋转升空类（如飞碟）和带升空效果的爆竹（如双响炮），组合烟花中扇型、V 型、W 型、Z 型、S 型等特殊造型的，以及燃放效果中含垂柳、雷、金属漂浮物、漂浮物带燃烧效果的，被禁止销售燃放。

第二节 了解烟花爆竹行业术语、原料与制作

一、术语

烟花——燃放时能形成色彩、图案，产生音响等，以视觉效果为主的产品。

爆竹——燃放时能产生爆音、闪光等，以听觉效果为主的产品。

筒标——粘贴在产品筒体上的图案或标记。

招标——粘贴在产品内包装上的商标纸或印在包装盒上的图案、文字。

警句——产品包装上的警告性安全用语。

提示语——产品包装上的有关燃放方法的安全用语。

主体——装有烟火药或涂敷有烟火花的筒体、芯杆或粘贴筒标纸的整体。

引火线（捻子）——烟花爆竹中用于点火或传引火的线状物。

烧成——产品在燃放时达到设计效果的现象。

未烧成——产品燃放过程中，出现熄引、冲头、冲底、效果不全、炸筒（爆竹除外）、倒筒、低炸和火险等现象之一者。

熄引——引火线被点燃后，中途熄火或没有点燃主体内烟火药的现象。

冲头——燃放时，主体内的烟火药产生不应有的喷射口冲掉或将爆竹的头部冲开，并伴有喷火或爆音的现象。

冲底——燃放时，产生不应有的将产品底塞或底座冲开，并伴有爆音的现象。

冲射——产品在燃放过程中产生发射状燃烧，瞬间将烟火药烧完。

倒筒——立于地面燃放的产品，在燃烧过程中突然倒在地面，且仍有色火向外喷射的现象。

炸筒——燃放时，烟花产品筒体炸裂，并伴有爆音的现象。

散筒——燃放时单筒或多筒组成的烟花产品产生筒体开裂或筒体间分离的现象。

空筒——筒体内没装入烟火药的现象。

穿孔——燃放时，烟花产品筒体产生不应有的孔洞，并伴有火苗、火星喷出的现象。

低炸——燃放时升空产品距离地面 3 米高度发生爆炸的现象。

火险——燃放时，升空爆发的色火或带火残体下落到离地面 3 米下尚未熄灭的现象。

露白——筒标纸尺寸过窄或粘贴不严而露出筒体的现象。

包头包脚——筒标纸粘贴不整齐或尺寸过长而超出筒体一端或两端的现象。

露头露脚——筒标纸粘贴不整齐或尺寸过短而使筒体露出一端或两端的现象。

效果不全——产品燃放时未达到全部设计效果。

发射偏斜角——升空产品发射时，偏离水平面垂线的角度。

烧成率——产品燃放后，统计烧成数占燃放总数的百分数。

爆响率——爆竹产品燃放后，统计有爆炸效果的数量点燃放总数的百分数。

亮珠着火率——烟花产品燃放后，统计着火的亮珠数占总数量的百分数。

二、原料

烟花爆竹的主要原料是炸药，炸药的爆炸性能主要有感度、威力、猛度、殉爆、安定性等。

（一）感度

炸药的感度是指炸药在外界能量（如热能、电能、光能、机械能及爆能等）的作用下发生爆炸变化的难易程度，是衡量爆炸稳定性大小的一个重要标志。通常以引起爆炸变化的最小外界能量来表示，这个最小的外界能量习惯上称为引爆冲能。很显然，所需的引爆冲能越小，其感度越高；反之，则越低。影响炸药的感度的因素很多，主要有以下几种：

1. 温度。随着温度的升高，炸药的各种感度指标都升高。

2. 密度。随着炸药密度的增大，其感度通常是降低的。

3. 杂质。它对炸药的感度有很大的影响，不同的杂质有不同的影响。一般说来，固体杂质，特别是硬度大、有尖棱和高熔点的杂质，如砂子、玻璃屑和某些金属粉末等，能增加炸药的感度。

（二）威力

威力是指炸药爆炸时做功的能力，亦即对周围介质的破坏能力。爆炸产生的热量越大，气态产物生成物越多，爆温越高，其威力也就越大。

（三）猛度

猛度是炸药在爆炸后爆轰产物对周围物体破坏的猛烈程度，用来衡量炸药的局部破坏能力。猛度越大，则表示该炸药对周围介质的粉碎破坏程度越大。

（四）殉爆

殉爆是指当一个炸药药包爆炸时，能使位于一定距离处，与其没有什么联系的另一个炸药药包也发生爆炸的现象。起始爆炸的药包称为主发药包，受它爆炸影响而爆炸的药包称为被发药包。因主发药包爆炸而能引起被发药包爆炸的最大距离，称为殉爆距离。引起殉爆的主要原因是主发药包爆炸而引起的冲击波的传播作用。离药包的爆炸点越近，冲击波的强度越高；反之，则冲击波的强度越弱。

（五）安定性

安定性是指炸药在一定储存期间内不改变其物理性质、化学性质和爆炸性质的能力。

爆竹的药剂生产用原材料有：氧化剂、还原剂、粘合剂、着色剂及其他特种效应的物质。

烟花爆竹药剂常用的氧化剂：硝酸钾、硝酸钡、硝酸锶、氧化铜、高氯酸钾、高氯酸铵、氧化铅（俗称红丹）等。

烟花爆竹药剂常用的还原剂：炭、硫、铝粉、铝镁合金粉、磷、钛粉等。

烟花药剂的着色剂：

1. 钠盐为黄色着色物，如冰晶石、氟化钠、氟硅酸钠、碳酸氢钠、草酸钠、硼砂等。

2. 锶盐为红色着色物，如碳酸锶、草酸锶、硝酸锶、硫酸锶等。

3. 钡盐为绿色着色物，如硝酸钡、碳酸钡、氧化钡、氯化钡、高氯酸钡等。

4. 铜盐为蓝色着色物，如氧化铜、碱式碳酸铜（孔雀石）、硫化亚铜、金属铜等。

5. 钾盐为紫光着色物，加钾原子辐射光谱中产生紫色不理想，通常采用红 + 蓝 = 紫的配色法。

烟花药剂中常用的粘合剂：酚醛树脂、虫胶、浆糊、糊精、聚乙烯醇等。

笛音剂常用的材料：对苯二甲酸氢钾、邻苯二甲酸氢钾、苯甲酸氢钾（钠）等。

烟幕剂：常用的成烟物质萘、氯化铵、蒽、六氢乙烷、硅藻土等。

有色成烟剂染色物质：偶红、玫瑰精、槐黄、菊橙等。

礼花弹中禁用药物：氯酸盐（烟雾类、摩擦类除外）、汞化合物、没食子酸、苦味酸、磷、镁粉（含镁合金与改良镁粉除外）、砷化合物（烟幕类除外）。

烟花爆竹禁用药物：氯酸钾（烟雾类、摩擦类除外）、砷化合物、汞化合物、没食子酸、苦味酸、磷（摩擦类除外）、镁（含镁合金粉、改良镁粉除外）。

注：喷花类、线香类、造型玩具类、摩擦类、烟雾类、爆竹类、旋转类、吐珠类产品禁止使用铅化合物和六氯代苯。

三、制作

以传统的红炮鞭炮制作过程为例，我们初步认识一下爆竹的制作。

一般流程分为三部分：炮身制作，火药制作和引线制作。

（一）炮身制作

裁纸：在作坊里，鞭炮炮身被称为“筒”，裁纸是按一定的规格裁好制筒用的爆竹纸；

扯筒：将裁好的爆竹纸卷成一个空筒，扯筒的主要工具是扯凳，用坚木做成；

褙筒：在空筒外表褙上一层彩纸，最初是为了防水，后来更多的是出于装饰作用，褙筒纸多用宝庆（邵阳）产的红纸，或者广红纸、蜡光纸；

洗筒：将纸筒用麻绳扎成一个六角形的饼状，以便于计算筒的数目；

腰筒：扎好的纸筒很长，需要裁短，用阔刀从饼的腰上裁断，把一筒横切成两筒；

上筒：在切好的纸筒里装土、上硝；

钻孔：用铁钎将每个筒子筑紧，再给每个筒子钻孔，以便放引线；

扦引：将每个引孔扦入引线；

扎引颈：引线扦入引孔后，将扦引一头的筒子扎紧，以防引线松动；

结鞭：单个的鞭炮制成后，要用棉线将它们结成一挂，因为形状像鞭，鞭炮之称由此而来；

成封、成箱：将结好的鞭炮封装。

（二）火药制作

造硝：把硝从泥土里提炼出来。传统的造硝工具很简陋，只是一口大铁锅，原料就是泥土。据说，要用厨房里的泥土最好，因为经常做饭做菜，硝也沉淀得多。把泥土放进铁锅后，不断加入水来熬，一两天后，铁锅边上就会结一层白色的硝；

碾硝（或冲硝）：刚熬出来的硝颗粒很大，下一步就是放在碾槽中碾碎，沉重的碾轮开始是用牛拉动，后来慢慢地改为水力，简陋一点的方法就是用舂米的工具把颗粒打碎，称为冲硝；

磨硝：碾碎后的硝依然不能直接采用，还需要用像磨黄豆一样的磨将硝磨成细粉。制作好的硝配上硫磺、泥土，就是鞭炮的火药了。

（三）引线制作

造纸：虽然制鞭炮的纸是购买的，但做引线的纸却是自产的，作坊里都会有一个浆池，用木浆来造纸；

割引纸：把制造好的整张纸割成一根根长纸条；

做引：将长纸条的一端固定，纸展开，用一根铁棍沾上硝粉，手一抖，铁棍上的硝粉就会落在纸上形成一长条，手一搓，一根引线就出来了。

浆引：这样的引线还是散的，工人要用手沾上湿米浆，手在引线上一捋，引线沾了米浆就不会散了，然后还需把引线一根根地固定在像扇子一样的晾干器上晾干。

附1 与烟花爆竹安全有关的标识

表1 危险货物包装标志

表示分类	分类·区分	ICAOMTA CODE	分类·区分标识	主要品名
1	火药类	1.3G（RGX） 1.4S（RXS） 等		放烟筒、花炮、导火线、爆发钉等 爆发性非常弱的物品可以装载 （只有区分1.4S的物品可装入客机）

续表

表示分类	分类·区分	ICAOMTA CODE	分类·区分标识	主要品名
	引火性瓦斯	2.1（RFG）		小型燃料瓦斯气瓶、抽烟用气体打火机、引火性烟雾气
2	非引火性、非毒性瓦斯	2.2（RNG）（RCL）		消化器、压缩酸素、液体窒素、液体氨、非引火性烟雾气、冷冻用瓦斯类等 深冷液化瓦斯（RCL）
	毒性瓦斯	2.3（RPG）		一氧化碳、氧化乙烯、液体氨等 （只有货机可以装载）
3	引火性液体	3（RFL）		汽油、油漆、印刷墨、香料、灯油、酒精、粘合剂等
4	可燃性物质	4.1（RFS）		安全火柴、硝纤象牙、金属粉末、磷、硫黄等
	自然性物质	4.2（RBC）		活性炭、硫化钠、金属催化剂等

续表

表示分类	分类·区分	ICAOMTA CODE	分类·区分标识	主要品名
4	与水反应的可燃性物质	4.3（RFW）		钙、碳化物、镁、钡、碱土金属合金等
5	氧化性物质	5.1（ROX）		化学氧气发生器、氧化水素水、盐素酸盐类、硫酸氨肥料等
	有机过氧化物	5.2（ROP）		甲醇 已基 酮 酯氧化物（树脂或封印催化剂）等
6	毒物	6.1（RPB）		杀虫杀菌剂、消毒剂、染料、水银化合物、医药品等
	易染病毒物质	6.2（RIS）		细菌、病毒、医药用废弃物等
7 放射线物质	L型运送物国际（Excepted package）	7（RRE）		空容器、机器内置放射能量非常少的物质、输送物表面最大线量当量率为5μSv/h以下A型运送物

续表

表示分类	分类·区分	ICAOMTA CODE	分类·区分标识	主要品名
7 放射线物质	A 型运送物（第Ⅰ类）	7（RRW）		输送物表面最大线量当量率 500μSv/h 以下 输送指数 0
	A 型运送物（第Ⅱ类）	7（RRY）	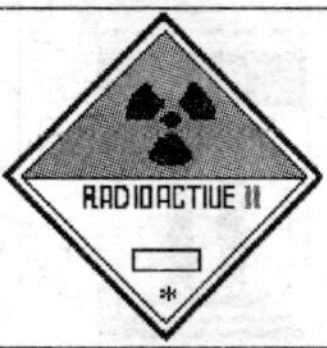	输送物表面最大线量当量率 500μSv/h 以下 输送指数 0.1～1.0
	A 型运送物（第Ⅲ类）	7（RRY）		输送物表面的最大线量当量率 2m Sw/h 以下输送指数 1.1～10.0
8	腐食性物质	8（RCM）		酸类、碱类、电池（内含电池液物质）腐食、物质等
9	微量危险品	（REQ）		根据内容物、一包内容量的一定值以下的物质
10 使用标识	深冷液化瓦斯专用	RCL	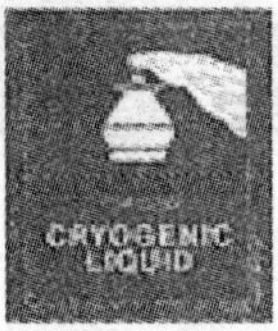	深冷液化过的窒素瓦斯、氩瓦斯等 货机专用

续表

表示分类	分类·区分	ICAOMTA CODE	分类·区分标识	主要品名
10使用标识	货机专用	CAO		内容物、一包的内容量、只有货机可能装载物质 不可颠倒
	不可颠倒			装液体使用的组合容器（相对两面）

消防安全标志图解

消防手动启动器

发声警报器

火警电话

紧急出口

疏散通道方向

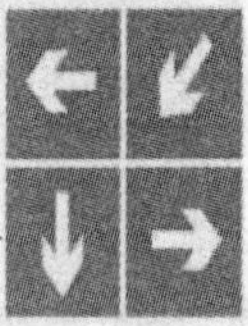

地上消火栓

安全通道

推开

拉开

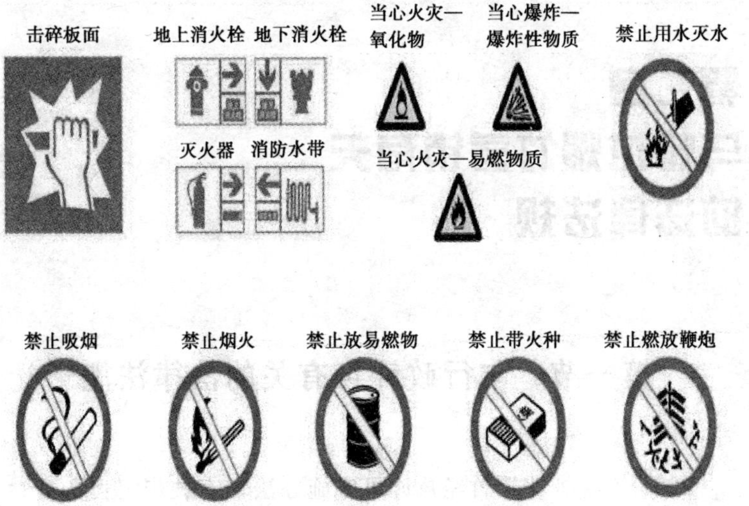
击碎板面
地上消火栓
地下消火栓
灭火器
消防水带
当心火灾—氧化物
当心爆炸—爆炸性物质
当心火灾—易燃物质
禁止用水灭水
禁止吸烟
禁止烟火
禁止放易燃物
禁止带火种
禁止燃放鞭炮

第二章 与烟花爆竹营销有关的法律法规

第一节　与行政许可有关的法律法规

2006年《烟花爆竹经营许可实施办法》有关规定：

第二条　从事烟花爆竹批发的企业（含进出口企业，以下统称批发企业）和从事烟花爆竹零售的经营者（以下简称零售经营者），一定要按照本实施办法的规定分别申请取得《烟花爆竹经营（批发）许可证》和《烟花爆竹经营（零售）许可证》。未取得烟花爆竹经营许可证的，不得从事烟花爆竹经营活动。

第三条　烟花爆竹经营布点，按照统一规划、保障安全、合理布局、总量控制的原则审批，建立公平、诚信、规范、有序的市场流通秩序。

第四条　国家安全生产监督管理总局（以下简称安全监管总局）负责指导、监督全国烟花爆竹经营许可证的颁发管理工作。

第八条　用于生产烟花爆竹的黑火药、烟火药、引火线批发企业，除具备本实施办法第五条规定的条件外，还一定要有符合国家相关标准的自用危险物品运输车辆和相关资质，具备必要的安全保管技术措施和配送服务能力。其经营许可证由省、自治区、直辖市人民政府安全生产监督管理部门按照严格控制数量的原则颁发管理。

第十二条　禁止批发企业在城市建成区内设立烟花爆竹储存仓库和存有实物的批发场所。严格控制城市建成区内烟花爆竹零售网点数量。

第十三条　批发企业、零售经营者不得采购和销售非法生产、经营的烟花爆竹和不符合质量标准的烟花爆竹。

黑火药、烟火药、引火线批发企业不得向未取得烟花爆竹安全生产许可证的任何单位和个人销售黑火药、烟火药、引火线。

零售经营者不得经营和储存黑火药、烟火药、引火线。

烟花爆竹仓库不得超过限定药量和品种储存，零售网点存放的烟花爆竹品种和数量不得超过当地规定。

第十四条　批发企业应当建立并严格执行采购、销售流向登记制度，健全购销档案，并留存2年备查。

烟火药、引火线批发企业的采购、销售记录应当在购买或者销售后3日内报所在地县级以上安全生产监督管理部门备案。

丢失黑火药、烟火药、引火线的企业应当立即向所在地县级安全生产监督管理部门和当地公安机关报告。

第十五条　烟花爆竹经营单位不得转让、买卖、出租、出借、冒用或者伪造烟花爆竹经营许可证。

第十六条　烟花爆竹经营单位变更单位名称、主要负责人、注册地址和经营许可范围的，应当在变更后10日内向原发证机关申请办理变更手续。对变更许可事项的，发证机关应当收回原许可证，换发新许可证。

第十七条　烟花爆竹经营单位变更经营场所或者储存仓库地址、仓储设施新（改、扩）建、经营许可证有效期满的，应当重新申请办理许可手续。烟花爆竹仓储设施新（改、扩）建的，应当按建设项目审批程序办理相关手续，并经竣工验收合格。

第二节 与烟花爆竹劳动从业人员有关的法律

2008 年《中华人民共和国劳动合同法》节选：

第七条 用人单位自用工之日起即与劳动者建立劳动关系。用人单位应当建立职工名册备查。

第八条 用人单位招用劳动者时，应当如实告知劳动者工作内容、工作条件、工作地点、职业危害、安全生产状况、劳动报酬，以及劳动者要求了解的其他情况；用人单位有权了解劳动者与劳动合同直接相关的基本情况，劳动者应当如实说明。

第十九条 劳动合同期限三个月以上不满一年的，试用期不得超过一个月；劳动合同期限一年以上不满三年的，试用期不得超过二个月；三年以上固定期限和无固定期限的劳动合同，试用期不得超过六个月。同一用人单位与同一劳动者只能约定一次试用期。以完成一定工作任务为期限的劳动合同或者劳动合同期限不满三个月的，不得约定试用期。试用期包含在劳动合同期限内。劳动合同仅约定试用期的，试用期不成立，该期限为劳动合同期限。

第二十条 劳动者在试用期的工资不得低于本单位相同岗位最低档工资或者劳动合同约定工资的 80%，并不得低于用人单位所在地的最低工资标准。

第二十一条 在试用期中，除劳动者有本法第三十九条和第四十条第一项、第二项规定的情形外，用人单位不得解除劳动合同。用人单位在试用期解除劳动合同的，应当向劳动者说明理由。

第二十二条 用人单位为劳动者提供专项培训费用，对其进行专业技术培训的，可与该劳动者订立协议，约定服务期。劳动者违反服务期约定的，应当按照约定向用人单位支付违约金。违约金的数额不得超过用人单位提供的培训费用。用人单位要求劳动者支付的违约金不得超过服务期尚未履行部分所应分摊的培训费用。用人单位与劳动者约定服务期的，不影响按照正常的工资调整机制提高劳动者在服务期期间的劳动报酬。

第三十二条 劳动者拒绝用人单位管理人员违章指挥、强令冒险作业的，不视为违反劳动合同。

劳动者对危害生命安全和身体健康的劳动条件，有权对用人单位提出批评、检举和控告。

第三节 与烟花爆竹安全生产有关的法律

2002 年《中华人民共和国安全生产法》节选：

第三条 安全生产管理，坚持安全第一、预防为主的方针。

第四条 生产经营单位一定要遵守本法和其他有关安全生产的法律、法规，加强安全生产管理，建立、健全安全生产责任制度，完善安全生产条件，确保安全生产。

第五条 生产经营单位的主要负责人对本单位的安全生产工作全面负责。

第六条 生产经营单位的从业人员有依法获得安全生产保障的权利，并应当依法履行安全生产方面的义务。

第二十条 生产经营单位的主要负责人和安全生产管理人员

一定要具备与本单位所从事的生产经营活动相应的安全生产知识和管理能力。危险物品的生产、经营、储存单位以及矿山、建筑施工单位的主要负责人和安全生产管理人员，应当由有关主管部门对其安全生产知识和管理能力考核合格后方可任职。考核不得收费。

第二十一条　生产经营单位应当对从业人员进行安全生产教育和培训，保证从业人员具备必要的安全生产知识，熟悉有关的安全生产规章制度和安全操作规程，掌握本岗位的安全操作技能。未经安全生产教育和培训合格的从业人员，不得上岗作业。

第二十二条　生产经营单位采用新工艺、新技术、新材料或者使用新设备，一定要了解、掌握其安全技术特性，采取有效的安全防护措施，并对从业人员进行专门的安全生产教育和培训。

第三十四条　生产、经营、储存、使用危险物品的车间、商店、仓库不得与员工宿舍在同一座建筑物内，并应当与员工宿舍保持安全距离。

生产经营场所和员工宿舍应当设有符合紧急疏散要求、标志明显、保持畅通的出口。禁止封闭、堵塞生产经营场所或者员工宿舍的出口。

第四十八条　因生产安全事故受到损害的从业人员，除依法享有工伤社会保险外，依照有关民事法律尚有获得赔偿的权利的，有权向本单位提出赔偿要求。

第六十九条　危险物品的生产、经营、储存单位以及矿山、建筑施工单位应当建立应急救援组织；生产经营规模较小，可不建立应急救援组织的，应当指定兼职的应急救援人员。

危险物品的生产、经营、储存单位以及矿山、建筑施工单位应当配备必要的应急救援器材、设备，并进行经常性维护、保养，保证正常运转。

第七十条 生产经营单位发生生产安全事故后，事故现场有关人员应当立即报告本单位负责人。

单位负责人接到事故报告后，应当迅速采取有效措施，组织抢救，防止事故扩大，减少人员伤亡和财产损失，并按照国家有关规定立即如实报告当地负有安全生产监督管理职责的部门，不得隐瞒不报、谎报或者拖延不报，不得故意破坏事故现场、毁灭有关证据。

第四节 与消防安全有关的法律

2009年《中华人民共和国消防法》节选：

第十九条 生产、储存、经营易燃易爆危险品的场所不得与居住场所设置在同一建筑物内，并应当与居住场所保持安全距离。

生产、储存、经营其他物品的场所与居住场所设置在同一建筑物内的，应当符合国家工程建设消防技术标准。

第二十条 举办大型群众性活动，承办人应当依法向公安机关申请安全许可，制定灭火和应急疏散预案并组织演练，明确消防安全责任分工，确定消防安全管理人员，保持消防设施和消防器材配置齐全、完好有效，保证疏散通道、安全出口、疏散指示标志、应急照明和消防车通道符合消防技术标准和管理规定。

第二十一条 禁止在具有火灾、爆炸危险的场所吸烟、使用明火。因施工等特殊情况需要使用明火作业的，应当按照规定事先办理审批手续，采取相应的消防安全措施；作业人员应当遵守消防安全规定。

进行电焊，气焊等具有火灾危险作业的人员和自动消防系统的操作人员，一定要持证上岗，并遵守消防安全操作规程。

第二十二条　生产、储存、装卸易燃易爆危险品的工厂、仓库和专用车站、码头的设置，应当符合消防技术标准。易燃易爆气体和液体的充装站、供应站、调压站，应当设置在符合消防安全要求的位置，并符合防火防爆要求。

已经设置的生产、储存、装卸易燃易爆危险品的工厂、仓库和专用车站、码头，易燃易爆气体和液体的充装站、供应站、调压站，不再符合前款规定的，地方人民政府应当组织、协调有关部门、单位限期解决，消除安全隐患。

第二十三条　生产、储存、运输、销售、使用、销毁易燃易爆危险品，一定要执行消防技术标准和管理规定。

进入生产、储存易燃易爆危险品的场所，一定要执行消防安全规定。禁止非法携带易燃易爆危险品进入公共场所或者乘坐公共交通工具。

储存可燃物资仓库的管理，一定要执行消防技术标准和管理规定。

第三十一条　在农业收获季节、森林和草原防火期间、重大节假日期间以及火灾多发季节，地方各级人民政府应当组织开展有针对性的消防宣传教育，采取防火措施，进行消防安全检查。

第三十二条　乡镇人民政府、城市街道办事处应当指导、支持和帮助村民委员会、居民委员会开展群众性的消防工作。村民委员会、居民委员会应当确定消防安全管理人，组织制定防火安全公约，进行防火安全检查。

第三十三条　国家鼓励、引导公众聚集场所和生产、储存、运输、销售易燃易爆危险品的企业投保火灾公众责任保险；鼓励保险公司承保火灾公众责任保险。

第五十一条　公安机关消防机构有权根据需要封闭火灾现

场，负责调查火灾原因，统计火灾损失。

火灾扑灭后，发生火灾的单位和相关人员应当按照公安机关消防机构的要求保护现场，接受事故调查，如实提供与火灾有关的情况。

公安机关消防机构根据火灾现场勘验、调查情况和有关的检验、鉴定意见，及时制作火灾事故认定书，作为处理火灾事故的证据。

第五十四条　公安机关消防机构在消防监督检查中发现火灾隐患的，应当通知有关单位或者个人立即采取措施消除隐患；不及时消除隐患可能严重威胁公共安全的，公安机关消防机构应当依照规定对危险部位或者场所采取临时查封措施。

第五节　相关法律法规罚则

《烟花爆竹经营许可实施办法》节选：

第十八条　对违反本实施办法规定的程序、超越职权或者不具备本实施办法规定的安全条件颁发的烟花爆竹经营许可证，发证机关应当立即撤销已经颁发的许可证。

取得烟花爆竹经营许可证的单位依法终止烟花爆竹经营活动的，发证机关应当及时注销其经营许可证。

第二十条　安全生产监督管理部门工作人员在烟花爆竹经营行政许可和监督管理工作中，有滥用职权、玩忽职守、徇私舞弊行为的，依法给予行政处分；构成犯罪的，依法追究刑事责任。

第二十一条　未经许可经营烟花爆竹，或者向未取得烟花爆竹安全生产许可证的单位或者个人销售黑火药、烟火药、引火线的，由安全生产监督管理部门责令其停止非法经营活动，处2万元以上10万元以下的罚款，并没收非法经营物品及违法所得；违反治安管理行为的，依法给予治安管理处罚；构成犯罪的，依法追究刑事责任。

第二十二条　安全评价机构出具虚假评价报告的，撤销其相应资质，没收违法所得，违法所得在5000元以上的，并处违法所得2倍以上5倍以下的罚款，没有违法所得或者违法所得不足5000元的，单处或者并处5000元以上2万元以下的罚款，对其直接负责的主管人员和其他直接责任人员处5000元以上5万元以下的罚款；构成犯罪的，依法追究刑事责任。

第二十三条　取得经营许可证的烟花爆竹经营单位不再具备本实施办法规定的安全条件的，由安全生产监督管理部门责令停业整顿；经停业整顿仍不具备安全条件的，吊销其经营许可证。

第二十四条　批发企业采购和销售非法生产、经营的烟花爆竹的，由安全生产监督管理部门责令停止违法行为，没收非法经营物品及违法所得，并处2万元以上10万元以下的罚款；情节严重的，吊销其经营许可证。

零售经营者采购和销售非法生产、经营的烟花爆竹的，由安全生产监督管理部门责令停止违法行为，没收非法经营物品及违法所得，并处1000元以上5000元以下的罚款；情节严重的，吊销其经营许可证。

烟花爆竹仓库和零售网点违规存储的，由安全生产监督管理部门责令限期改正，并处1000元以上3万元以下的罚款；情节严重的，吊销其经营许可证。

第二十五条　批发企业未建立并执行采购、销售流向登记制度的，或者黑火药、烟火药、引火线批发企业未按规定将采购、销售记录报所在地县级以上安全生产监督管理部门备案的，由安全生产监督管理部门责令限期改正，并处1000元以上3万元以下的罚款；逾期未改正的，吊销其经营许可证。

第二十六条 发现申请人隐瞒有关情况或者提供虚假材料的，发证机关不予受理，申请人在一年内不得再次提出申请。

转让、买卖、出租、出借经营许可证的，或者以欺骗、贿赂等不正当手段取得经营许可证从事烟花爆竹经营活动的，除依据本实施办法第二十一条处罚外，申请人在三年内不得再次提出申请。

第二十七条 烟花爆竹经营单位变更经营场所或者仓储设施地址、仓储设施新（改、扩）建、经营许可证有效期满未重新申请办理许可手续从事经营活动的，由安全生产监督管理部门责令停止经营活动，处5000元以上5万元以下的罚款，并吊销其经营许可证。

烟花爆竹经营单位未按本实施办法办理变更手续从事经营活动的，由安全生产监督管理部门责令停止经营活动，限期办理变更手续；逾期仍未办理的，吊销其经营许可证。

2002年《中华人民共和国安全生产法》有关规定：

第七十九条 承担安全评价、认证、检测、检验工作的机构，出具虚假证明，构成犯罪的，依照刑法有关规定追究刑事责任；尚不够刑事处罚的，没收违法所得，违法所得在5000元以上的，并处违法所得2倍以上5倍以下的罚款，没有违法所得或者违法所得不足5000元的，单处或者并处5000元以上2万元以下的罚款，对其直接负责的主管人员和其他直接责任人员处5000元以上5万元以下的罚款；给他人造成损害的，与生产经营单位承担连带赔偿责任。

第八十条 生产经营单位的决策机构、主要负责人、个人经营的投资人不依照本法规定保证安全生产所必需的资金投入，致使生产经营单位不具备安全生产条件的，责令限期改正，提供必需的资金；逾期未改正的，责令生产经营单位停产停业整顿。

有前款违法行为，导致发生生产安全事故，构成犯罪的，依照刑法有关规定追究刑事责任；尚不够刑事处罚的，对生产经营单位的主要负责人给予撤职处分，对个人经营的投资人处2万元以上20万元以下的罚款。

第八十一条　生产经营单位的主要负责人未履行本法规定的安全生产管理职责的，责令限期改正；逾期未改正的，责令生产经营单位停产停业整顿。

生产经营单位的主要负责人有前款违法行为，导致发生生产安全事故，构成犯罪的，依照刑法有关规定追究刑事责任；尚不够刑事处罚的，给予撤职处分或者处2万元以上20万元以下的罚款。

生产经营单位的主要负责人依照前款规定受刑事处罚或者撤职处分的，自刑罚执行完毕或者受处分之日起，5年内不得担任任何生产经营单位的主要负责人。

第八十二条　生产经营单位有下列行为之一的，责令限期改正；逾期未改正的，责令停产停业整顿，可并处2万元以下的罚款：

一、未按照规定设立安全生产管理机构或者配备安全生产管理人员的；

二、危险物品的生产、经营、储存单位以及矿山、建筑施工单位的主要负责人和安全生产管理人员未按照规定经考核合格的；

三、未按照本法第二十一条、第二十二条的规定对从业人员进行安全生产教育和培训，或者未按照本法第三十六条的规定如实告知从业人员有关的安全生产事项的；

四、特种作业人员未按照规定经专门的安全作业培训并取得特种作业操作资格证书，上岗作业的。

第八十三条　生产经营单位有下列行为之一的，责令限期改正；逾期未改正的，责令停止建设或者停产停业整顿，可并处5万元以下的罚款；造成严重后果，构成犯罪的，依照刑法有关规定追究刑事责任：

一、矿山建设项目或者用于生产、储存危险物品的建设项目没有安全设施设计或者安全设施设计未按照规定报经有关部门审查同意的；

二、矿山建设项目或者用于生产、储存危险物品的建设项目的施工单位未按照批准的安全设施设计施工的；

三、矿山建设项目或者用于生产、储存危险物品的建设项目竣工投入生产或者使用前，安全设施未经验收合格的；

四、未在有较大危险因素的生产经营场所和有关设施、设备上设置明显的安全警示标志的；

五、安全设备的安装、使用、检测、改造和报废不符合国家标准或者行业标准的；

六、未对安全设备进行经常性维护、保养和定期检测的；

七、未为从业人员提供符合国家标准或者行业标准的劳动防护用品的；

八、特种设备以及危险物品的容器、运输工具未经取得专业资质的机构检测、检验合格，取得安全使用证或者安全标志，投入使用的；

九、使用国家明令淘汰、禁止使用的危及生产安全的工艺、设备的。

第八十四条　未经依法批准，擅自生产、经营、储存危险物品的，责令停止违法行为或者予以关闭，没收违法所得，违法所得10万元以上的，并处违法所得1倍以上5倍以下的罚款，没有违法所得或者违法所得不足10万元的，单处或者并处2万元以上10万元以下的罚款；造成严重后果，构成犯罪的，依照刑法有关规定追究刑事责任。

第八十五条　生产经营单位有下列行为之一的，责令限期改正；逾期未改正的，责令停产停业整顿，可并处2万元以上10万元以下的罚款；造成严重后果，构成犯罪的，依照刑法有关规定追究刑事责任：

一、生产、经营、储存、使用危险物品，未建立专门安全管理制度、未采取可靠的安全措施或者不接受有关主管部门依法实施的监督管理的；

二、对重大危险源未登记建档，或者未进行评估、监控，或者未制定应急预案的；

三、进行爆破、吊装等危险作业，未安排专门管理人员进行现场安全管理的。

第八十六条　生产经营单位将生产经营项目、场所、设备发包或者出租给不具备安全生产条件或者相应资质的单位或者个人的，责令限期改正，没收违法所得；违法所得5万元以上的，并处违法所得1倍以上5倍以下的罚款；没有违法所得或者违法所得不足5万元的，单处或者并处1万元以上5万元以下的罚款；导致发生生产安全事故给他人造成损害的，与承包方、承租方承担连带赔偿责任。

生产经营单位未与承包单位、承租单位签订专门的安全生产管理协议或者未在承包合同、租赁合同中明确各自的安全生产管理职责，或者未对承包单位、承租单位的安全生产统一协调、管理的，责令限期改正；逾期未改正的，责令停产停业整顿。

第八十八条　生产经营单位有下列行为之一的，责令限期改正；逾期未改正的，责令停产停业整顿；造成严重后果，构成犯罪的，依照刑法有关规定追究刑事责任：

一、产、经营、储存、使用危险物品的车间、商店、仓库与员工宿舍在同一座建筑内，或者与员工宿舍的距离不符合安全要求的；

二、产经营场所和员工宿舍未设有符合紧急疏散需要、标志明显、保持畅通的出口，或者封闭、堵塞生产经营场所或者员工宿舍出口的。

第八十九条　生产经营单位与从业人员订立协议，免除或者减轻其对从业人员因生产安全事故伤亡依法应承担的责任的，该协议无效；对生产经营单位的主要负责人、个人经营的投资人处2万元以上10万元以下的罚款。

第九十一条　生产经营单位主要负责人在本单位发生重大生产安全事故时，不立即组织抢救或者在事故调查处理期间擅离职守或者逃匿的，给予降职、撤职的处分，对逃匿的处15日以下拘留；构成犯罪的，依照刑法有关规定追究刑事责任。

生产经营单位主要负责人对生产安全事故隐瞒不报、谎报或者拖延不报的，依照前款规定处罚。

第九十五条　生产经营单位发生生产安全事故造成人员伤亡、他人财产损失的，应当依法承担赔偿责任；拒不承担或者其负责人逃匿的，由人民法院依法强制执行。

生产安全事故的责任人未依法承担赔偿责任，经人民法院依法采取执行措施后，仍不能对受害人给予足额赔偿的，应当继续履行赔偿义务；受害人发现责任人有其他财产的，可随时请求人民法院执行。

2009《中华人民共和国消防法》有关规定：

第六十一条　生产、储存、经营易燃易爆危险品的场所与居住场所设置在同一建筑物内，或者未与居住场所保持安全距离的，责令停产停业，并处5000元以上5万元以下罚款。

生产、储存、经营其他物品的场所与居住场所设置在同一建筑物内，不符合消防技术标准的，依照前款规定处罚。

第六十二条　有下列行为之一的，依照《中华人民共和国治安管理处罚法》的规定处罚：

一、违反有关消防技术标准和管理规定生产、储存、运输、销售、使用、销毁易燃易爆危险品的；

二、非法携带易燃易爆危险品进入公共场所或者乘坐公共交通工具的；

三、谎报火警的；

四、阻碍消防车、消防艇执行任务的；

五、阻碍公安机关消防机构的工作人员依法执行职务的。

第六十三条　违反本法规定，有下列行为之一的，处警告或者500元以下罚款；情节严重的，处5日以下拘留：

一、违反消防安全规定进入生产、储存易燃易爆危险品场所的；

二、违反规定使用明火作业或者在具有火灾、爆炸危险的场所吸烟、使用明火的。

第六十四条　违反本法规定，有下列行为之一，尚不构成犯罪的，处10日以上15日以下拘留，可以并处500元以下罚款；情节较轻的，处警告或者500元以下罚款：

一、指使或者强令他人违反消防安全规定，冒险作业的；

二、过失引起火灾的；

三、在火灾发生后阻拦报警，或者负有报告职责的人员不及时报警的；

四、扰乱火灾现场秩序，或者拒不执行火灾现场指挥员指挥，影响灭火救援的；

五、故意破坏或者伪造火灾现场的；

六、擅自拆封或者使用被公安机关消防机构查封的场所、部位的。

第三章 烟花爆竹经营许可的申请与审批

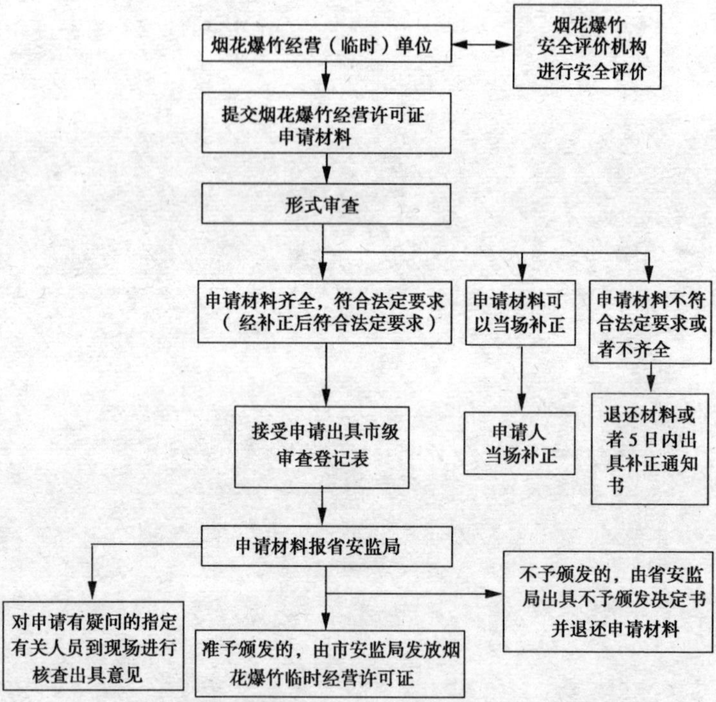

图3－1　烟花爆竹经营许可证（临时）接受审查流程图

第一节　批发烟花爆竹经营许可证申请条件

一、具备企业法人条件；

二、建立健全安全生产责任制和各项安全管理制度、操作规程；

三、有安全管理机构或者专职安全管理人员；

四、主要负责人、分管负责人、安全管理人员应当具备烟花爆竹经营方面的安全知识和管理能力，并经培训考核合格；仓库保管员、守护员应当接受烟花爆竹专业知识培训，并经考核合格；其他从业人员应当经过本单位的安全知识教育和培训；

五、具有与其经营规模和产品品种相适应的经营场所和仓储设施；仓库的内外部安全距离、库房布局、建筑结构、安全疏散条件、消防、防爆、防雷、防静电等安全设施以及电气设施等，符合《烟花爆竹工厂设计安全规范》（GB50161）等国家相关标准的要求；储存区域和仓库应有明显的安全警示标志和标识牌；

六、具备配送服务能力，运输车辆符合国家相关标准；

七、依法进行了安全评价；

八、有事故应急救援预案、应急救援组织和人员，并配备必要的应急救援器材、设备；

九、法律、法规规定的其他条件。

批发企业申请领取《烟花爆竹经营（批发）许可证》时，应当提交下列申请文件、资料，并对其真实性负责：

1. 烟花爆竹经营（批发）许可证申请书；

2. 企业法人证明；

3. 安全生产责任制文件、事故应急救援预案复制件和安全管理制度、操作规程清单；

4. 主要负责人、分管负责人、安全管理人员和仓库保管员、守护员培训、考核合格证明；

5. 库区外部安全距离示意（或者实测）图和库区仓储设施平面（或者设计）图；

6. 具备相应资质的安全评价机构出具的评价报告；

7. 配送服务能力及配送车辆情况说明；

8. 发证机关要求提供的其他材料。

第二节 批发烟花爆竹经营许可证审批

发证机关受理申请后，应当对申请材料和经营储存场所的安全条件进行审查。负责审查的人员应当提出书面审查意见。

发证机关应当在受理申请之日起30日内做出核发或者不予核发许可证的决定，并书面告知申请人。对决定不予核发许可证的，应当书面说明理由。

《烟花爆竹经营（批发）许可证》的有效期限为2年。

第三节 零售烟花爆竹经营许可证申请条件

一、负责人和销售人员经过安全知识培训；

二、实行专店或者专柜、专人销售，设专人负责安全管理；

专柜销售时，专柜应当相对独立，并与其他柜台保持一定的距离，保证安全通道畅通；

三、零售场所的面积不小于10平方米，其周边50米范围内没有其他烟花爆竹零售点，并与学校、幼儿园、医院等人员聚集场所和加油站等易燃易爆物质生产、储存设施，保持足够的安全距离；

四、零售场所配备必要的消防器材，并张贴明显的安全警示标志；

五、法律、法规以及当地人民政府规定的其他条件。

1. 零售经营者申请领取《烟花爆竹经营（零售）许可证》时，应当提交申请书、零售点周边安全条件说明以及发证机关要求提供的其他材料。

2. 发证机关受理申请后，应当对申请材料和零售场所的安全条件进行审查。负责审查的人员应当提出书面审查意见。

第四节　售烟花爆竹经营许可证审批

发证机关应当在受理申请之日起20日内做出核发或者不予核发许可证的决定，并书面告知申请人。对决定不予核发许可证的，应当书面说明理由。

《烟花爆竹经营（零售）许可证》的有效期由省、自治区、直辖市人民政府安全生产监督管理部门确定，最长不超过2年。

附：北京市销售烟花爆竹申请与审批指南

办理机构：北京市安全生产监督管理局

办理地址：宣武区枣林前街70号中环办公楼办事大厅

电话：010－83970891

办理时间：星期一至星期五 8：30 至 17：00（节假日除外）

办理时限：30 个工作日

办理程序：

一、受理

（一）条件：申办人应提交如下申办材料

1. 烟花爆竹经营（批发）许可证申请书（一式二份）；

2. 企业法人营业执照原件和复印件，原件和复印件核对无误后许可机关存留复印件；

3. 安全生产责任制文件、事故应急救援预案和安全管理制度；应急救援器材和操作规程清单；

4. 主要负责人、分管负责人、安全管理人员和仓库保管员、守护员考核合格证明材料的原件、复印件，原件和复印件核对无误后许可机关存留复印件；

5. 库区外部安全距离示意（或者实测）图和库区仓储设施平面（或者设计）图；

6. 具备相应资质的安全评价机构出具的评价报告；

7. 配送服务能力及配送车辆情况说明。

（二）标准：申办材料齐全、规范、有效

（三）时限：2 个工作日

二、公示

（一）内容

1. 申请企业名称、企业法定代表人姓名；

2. 申请企业注册地址、烟花爆竹储存仓库地址，储存仓库总建筑面积；

3. 主要负责人、分管负责人、安全管理人员和仓库保管员、守护员姓名及考核合格证编号；

（二）公示地点：北京市安全生产监督管理局机关网站：（http：//www. bjsafety. gov. cn）

（三）时限：受理之日起，7 个工作日

三、审核

（一）标准：批发单位应当符合下列条件

1. 具备企业法人条件；

2. 建立健全各级安全生产责任制和各项安全管理制度、操作规程；

3. 有安全管理机构或者专职安全管理人员；

4. 主要负责人、分管负责人、安全管理人员应当具备烟花爆竹经营方面的安全知识和管理能力，并经培训考核合格；仓库保管员、守护员应当接受烟花爆竹专业知识培训，并经考核合格；其他从业人员应当经过本单位的安全知识教育和培训；

5. 具有与其经营规模和产品品种相适应的经营场所和仓储设施；仓库的内外部安全距离、库房布局、建筑结构、安全疏散条件、消防、防爆、防雷、防静电等安全设施以及电气设施等，符合《烟花爆竹工厂设计安全规范》（GB50161）等国家相关标准的要求；储存区域和仓库应有明显的安全警示标志和标识牌；

6. 具备配送服务能力，运输车辆符合国家相关标准；

7. 依法进行了安全评价；

8. 有事故应急救援预案、应急救援组织和人员，并配备必要的应急救援设备、器材；

9. 法律、法规、规章规定的其他条件。

（二）时限：13个工作日

四、复核

（一）标准：同审核标准

（二）时限：4个工作日

五、审定

（一）标准：同审核标准

（二）时限：4个工作日

六、告知

（一）标准

1. 及时、准确告知申办人审批结果；

图3－2

2. 制发的文书完整、正确、有效；

3. 留存归档的审批文书材料齐全、规范。

（二）时限：2 个工作日

收费标准及依据：不收费。

办理依据：

1. 《烟花爆竹经营许可实施办法》（国家安全监管总局 7 号令）；

2. 《北京市烟花爆竹经营许可实施办法》（京安监危化字〔2006〕170 号）。

第四章 烟花爆竹储存与运输注意事项

第一节 对烟花爆竹储存的要求

烟花爆竹易燃易爆的特征决定了其仓储的安全重要性。烟花爆竹储存场所与其他生产场所相比，具有如下特点：

1. 由于发生事故时的破坏范围较大，所以厂址的地理位置与其他行业不同；

2. 由于爆炸事故会引起邻近建筑物破坏，所以对危险仓库与其他建筑物之间的安全距离、排列方式等有特定要求；

3. 为避免静电、电火花等电气事故引起爆炸事故，仓库的用电不同于普通工厂和仓库的用电设计；

4. 为减少外界因素的影响，对避雷及工房的建筑结构等有特殊要求。

储存过程的危险性如下：

1. 敏感易爆性。易爆性是烟花爆竹固有的特性之一，起爆能越小敏感度越高，爆炸性就越大；

2. 遇热危险性。烟花爆竹中的危险品遇热达到一定的温度即可自行着火爆炸；

3. 遇热易燃性。烟花爆竹中合金类危险品及混合药料遇湿反应剧烈，放出 H_2 和大量的热，致使 H_2 燃烧爆炸；

4. 机械作用危险性。烟花爆竹中的危险品受到撞击、摩擦等机械作用时就会爆炸；

5. 静电火花危险性。烟花爆竹中的危险品是电的不良导体，储存过程中可能产生静电，一旦发生静电放电会引起危险品的爆炸；

6. 火灾危险性。烟花爆竹中的危险品爆炸时可形成数千度的高温，会造成重大火灾；

7. 毒害性。烟花爆竹中的危险品燃烧爆炸后会产生 CO，CO_2，NO，NO_2，HCN，N_2 等有毒或窒息性气体，从而引起人体中毒、窒息。

根据烟花爆竹以上特点，其仓储遵循以下基本规定：

1. 储存仓库与经营规模、产品品种相适应并符合安全的要求；

2. 储存仓库的内外部安全距离、布局、建筑结构、安全疏散条件、消防设施以及防爆、防雷、防静电等安全设施符合国家法律、法规规定和国家标准或行业标准；

3. 烟花爆竹储存区与办公区（生活区）分离。在经批准设立的烟花爆竹储存仓库的安全距离内，不得建任何建筑物或者其他设施；

4. 仓库应符合《烟花爆竹劳动安全技术规程》（GB11652－1989）规定的条件；

5. 仓库的周边应有相应的防火隔离措施；

6. 储存区域应有明显的安全警示语，储存现场应张贴安全管理制度和操作规程；

7. 严禁在储存区域架设临时性电气设施；

8. 烟花爆竹仓库周边安全防护距离应符合国家有关规定；

9. 库区内防火、防爆、防雷、防静电、防潮、防盗、消防报警等设备要齐全有效，安全通道要畅通，要有醒目的危险标志；

10. 库房内应有测温、测湿计，应每天进行检查登记，做好防潮、降温、通风处理。库房应通风干燥，库房温度不得超过35℃，相对湿度控制在75%以下。

11. 储存场所通风或温度调节：

（1）储存烟花爆竹的建筑一定要安装通风设备，并注意设备的防护措施；

（2）储存烟花爆竹的建筑通、排风系统应设有导除静电的接地装置；

（3）通风管应采用非燃烧材料制作；

（4）通风管道不宜穿过防火墙等防火分隔物，如一定要穿过时应用非燃烧材料分隔；

（5）储存烟花爆竹建筑采暖的温度不应过高，热水采暖不应超过80℃，不得使用蒸汽采暖和机械采暖；

（6）采暖管道和设备的保温材料，一定要采用非燃烧材料。

12. 堆垛（货架）之间的距离不少于0.70米，堆垛距内墙距离不少于0.45米，产品堆垛高度不得超过2.5米；

13. 库房内主要运输通道宽度不少于2.0米，产品货架高度不得超过1.8米；

14. 无地板的存储仓库，地面要设置15厘米高的垛架，铺以防潮材料；

15. 库房内木地板、垛架和木箱上使用的铁钉、钉头应低于木板外表面3毫米以上，钉孔要用油灰填实。无地板的存储仓库，地面要设置30厘米高的垛架，铺以防潮材料；

16. 烟花爆竹的最大存放量不能超过《烟花爆竹工厂设计安

全规范》中规定的存药量，不得超过核定的产品种类和数量。储存烟花爆竹一定要设专用库房，禁止在库内存放其他物品；

17. 烟花爆竹存放应贴有明显的标签，包括名称、产地、出厂日期、危险等级、防伪商标和质量等；

18. 烟花爆竹仓库要有严格的保管制度、消防制度、出入库制度、保卫制度、出入库查验登记和定期检查、整理、清点等制度；

19. 从事烟花爆竹批发业务的单位应有公安消防部门验收合格的专用仓库（自有或租用）。所经营的烟花爆竹不得存放在业务经营场所。

根据烟花爆竹仓储建筑条件，建筑物的危险等级划分为A和C两种：

1. A级建筑物为建筑物内的危险品在制造、储存、运输中会发生爆炸事故，在发生事故时，其破坏效应将波及到周围。根据其破坏能力应划分为A2、A3级。

（1）A2级建筑物为建筑物内的危险品发生爆炸事故时，其破坏能力相当于TNT的厂房和仓库。

（2）A3级建筑物为建筑物内的危险品发生爆炸事故时，其破坏能力相当于黑火药的厂房和仓库。

2. C级建筑物为建筑物内的危险品在制造、储存、运输中主要发生燃烧事故或偶尔有轻微爆炸，但其破坏应只局限于本建筑物内的厂房和仓库。

具体安全要求如下：

烟花爆竹仓库可采用砖墙承重，屋盖宜采用轻质易碎结构。黑火药仓库应采用轻质易碎屋盖。库房每栋间的安全距离，不应小于16米。库房与值班室的安全距离，不应小于20米。

烟花爆竹仓库的安全出口，不应少于两个；当仓库面积小于

150 平方米，且长度小于 18 米时，可设一个。仓库内任一点至安全出口的距离，不应大于 15 米。

库房的门应为两层，均应向外开启，不得设门槛，门宽不得小于 1.2 米。内层门为通风门，门的下面要有防小动物进入的措施。

烟花爆竹仓库的窗应能开启，所有窗应配置铁栅和金属网。通风窗间隔不大于 5 米，长宽均不小于 200 毫米。

库房在地面应铺设木地板或设置 30 厘米高的垛架。木地板、垛架和木箱上使用的铁钉，钉头应低于木板外表面 3 毫米以上，钉孔要用油灰填实。

对火花能引起烟花爆竹燃烧、爆炸的工作间，应采用不发生火花的地面材料；

当工作间内烟花爆竹对撞击、摩擦特别敏感时，应采用不发生火花的柔性地面；

当工作间内的烟花爆竹对静电作用特别敏感时，应采用不发生火花的导静电地面；

当烟花爆竹已装箱并不在库内开箱时，可采用一般地面。

仓库的危险类别有以下分类：

Ⅰ类危险场所为经常存在大量能形成爆炸危险的烟火药、黑火药及其粉尘的工作间；

Ⅱ类危险场所为经常存在少量能形成燃爆危险的烟火药、黑火药及其粉尘的工作间；

Ⅲ类危险场所为经常存在能形成火灾危险而爆炸危险性小的烟花爆竹及粉尘的工作间。

具体安全要求如下：

Ⅰ类危险场所，除仪表外，不应装设电气设备。仪表应选择适用于烟火药、黑火药危险场所的本质安全型。

Ⅱ类危险场所的电气设备应选择密封防爆型、增安型（只限于灯具及控制按钮）及适用于烟火药、黑火药危险场所的本质安全型。各种防爆电气设备外壳的表面温度，应符合相关规定。插座的选择，还应满足在断电后插销才能插入和拔出的要求。

Ⅲ类危险场所电气设备应选择密封型、防水防尘型，鼠笼型感应电动机可选择封闭型。

Ⅱ类、Ⅲ类危险场所的接线盒，应采用与电气设备相应的防爆型。

安装在各类危险场所门灯及外墙上的开关，应选择防水防尘型。

Ⅰ类危险场所的电气照明，应选用壁龛灯或装在室外的投光灯。

Ⅱ类、Ⅲ类危险场所的电气照明，应选用密封防爆型灯。

壁龛灯的透光玻璃对室内应密封，玻璃的机械强度应符合国家有关防爆电气设备标准的要求；壁龛灯室外一侧应设置散热或通风百页窗，并应防止雨水浸入。

危险场所内，当电气设备有过负荷可能时，应设可靠的过负荷保护。

生产时严禁工作人员进入的工作间，其生产用电气设备的控制按钮应装在门外，并应与门连锁，使该工作间的门关好后，用电设备才能启动。

各类危险场所供电气线路，应采用绝缘电线穿钢管敷设或采用电缆。电线和电缆的绝缘强度，不应低于该网路的额定电压，不应低于500V；通讯导线的绝缘强度，不应低于250V。

Ⅰ类危险场所除仪表线路外，不应敷设（即安装）电力和照明线路。壁龛灯线路应沿建筑物外墙穿钢管敷设。

Ⅰ类危险场所的电气线路，应采用铜芯电线或电缆。Ⅱ、Ⅲ类危险场所的线路，可采用铝芯电线或电缆。Ⅱ、Ⅲ类危险场所使用的移动式电缆，应采用铜芯电缆。

导线的连接应采用压接或焊接。

截面在超过6毫米及以下的单股铜线和铝线，与电器或仪表的接线端子连接时，可不用导线或其他终端附件。

当截面超过6毫米时，应设导线端子或其他终端附件。

Ⅰ、Ⅱ类危险场所的导线截面选择和保护，应符合下列规定：

1. 穿管的电力及照明导线最小截面铜芯导线为1.5毫米，沿危险场所外墙穿管敷设的铝芯导线为2.5毫米。

2. 采用熔断器或自动开关作为导线过负荷保护的线路，其长期允许载流量不应小于熔断器熔体额定电流或自动开关的延时动作过电流脱扣器整定电流的1.25倍。

3. 引向鼠笼型感应电动机的线路，当电压为500V以下时，其长期允许载流量，不应小于电机额定电流的1.25倍。

Ⅰ、Ⅱ类危险场所穿电线的钢管，应采用水煤气管，壁厚不应小于2.5毫米。

穿电线的钢管在该场所内应密封，并应符合下列规定：

1. 穿电线的钢管在引入非密封的防爆电气设备前，应装设隔离密封装置，如电气设备的接线盒已自带密封装置，则不必另加隔离密封装置。

2. 钢管宜采用螺纹连接，螺纹应完整连接并不应小于6扣，在有振动的场所，还应有防松动装置。

3. 管线的分支处，应采用相应级别的接线盒。

敷设在各类危险场所的电缆，应采用有难燃护套的电缆；Ⅱ、Ⅲ类危险场所可采用移动式铜芯电缆，其机械强度不应低于中型橡套电缆。

电缆宜明敷，在易受损伤的线段应穿钢管保护。一定要在电缆沟内敷设时，应有防止水及有燃爆危险的物质浸入沟内的措施，并应将电缆过墙处的墙洞密封。

除照明线路外，电缆不应有分支接头，照明线路的分支点应设在接线盒内。

35KV 的室外架空线路，严禁穿越各级烟花爆竹生产区和烟花爆竹总仓库区。

1－10KV 的室外架空线路，严禁跨越 A、C 级建筑物。

在 A、C 级建筑物区架设的 1－20KV 的架空线路，其轴线与危险建筑物的距离，应符合下列规定：

1. 距 A 级建筑物不应小于 50 米。

2. 距 C 级建筑物不应小于电杆高度的 1.5 倍。

380V/220V 及以下的室外架空线路，不应跨越 A、C 建筑物。在烟花爆竹生产区和烟花爆竹总仓库区架设时，其轴线距生产储存烟火药和黑火药的 A 级建筑物不宜小于 50 米，距其他 A、C 级建筑物不应小于电杆高度的 1.5 倍。

烟花爆竹仓库建筑物，一定要按《建筑物防雷设计规范》的规定，采取防雷措施。在危险场所中，有可能积聚静电的金属设备、管道及其他导电物体，均应接地，接地电阻不宜大于 100 欧。有可能积聚静电的非金属设备、管道应间接接地，接地电阻不宜大于 1 欧。

烟花爆竹储存场所的防雷电感应接地装置、防静电积聚接地装置和电气设备保护接地装置，可采用共用的接地系统，接地电阻不应小于上述三种接地装置中规定的最小值。对接地有特殊要求的设备，应符合有关规范的规定。当需要接地的电气设备较多，而且分散时，则应在室内装设构成闭合回路的接地干线。接地体宜沿建筑物外墙埋地构成闭合回路，每隔 20～30 厘米与室内接地干线连接一次，并不应少于两处。

库房的入口处，应设置消除人体静电的装置，其接地电阻不得大于 10 欧。进入仓库的人员严禁穿戴不防静电的衣物和钉底鞋。不得带入金属制品。

表 4－1　　危险等级表

名称	危险等级	工作间和仓库名称	危险场所类别	防雷等级
黑火药	A3	三成分混合，造粒，干燥，凉药，筛选，包装	Ⅰ	一
	C	硫碳成分混合，硝酸钾干燥、粉碎和筛选，硫、碳碎和筛选	Ⅲ	三
烟火药	A2	含氯酸盐或高氯酸盐的烟火药、摩擦类药剂、爆炸音剂、笛音剂等的混合或配制、造粒、干燥、凉药	Ⅰ	一
	A3	不含氯酸盐或高氯酸盐的烟火药的混合或配制、造粒、干燥、凉药		
	C	称原料、氯酸钾和过氯酸钾粉碎、筛选	Ⅱ	三
爆竹	A2	含氯酸盐或高氯酸盐的爆竹药的混合或配制、装药	Ⅰ	一
	A3	不含氯酸盐或高氯酸盐的爆竹药的混合、装药	Ⅰ	
		已装药的钻孔、切引、机械压药	Ⅱ	二
	C	称原料，不含氯酸盐或高氯酸盐的爆竹药的注药，插引，挤引，结鞭，包装	Ⅲ	三

续表

名称	危险等级	工作间和仓库名称	危险场所类别	防雷等级
烟花	A2	筒子并装药装珠，上引线，干燥	Ⅰ	一
	A3	筒子单发装药，筑药，机械压药，钻孔，切引	Ⅱ	二
	C	蘸药，按引，组装，包装	Ⅲ	三
礼花弹	A2	称量，装药，装珠，晒球，干燥	Ⅰ	一
	A3	上发射药，上引线	Ⅱ	二
	C	油球，打皮，皮色，包装	Ⅲ	三
引火线	A2	含氯酸盐的引药的混合、干燥、凉药、制引、浆引、凉干、包装	Ⅰ	一
	A3	黑药的三成分混合、干燥、凉药、制引、浆引、凉干、包装		
	C	硫、碳二成分混合，硝酸钾干燥、粉碎和筛选，硫、碳粉碎和筛选	Ⅲ	三
		氯酸钾粉碎和筛选	Ⅱ	二
仓库	A2	引火线，含氯酸盐或高氯酸盐的烟花药、爆竹药、爆炸音剂、笛音剂	Ⅰ	一
	A3	黑火药，不含氯酸盐或高氯酸盐的烟火药、爆竹药，大爆竹，单个产品装药在40克以上的烟火花或礼花弹，已装药的半成品，黑火药引火线		
	C	中、小爆竹，单个产品装药在40克以下的烟花或礼花弹	Ⅱ	二

根据烟花爆竹的原料种类、特性，库房等场所应该设置相应的监测、通风、防晒、调温、火、灭火、防爆、泄压、防毒、消毒、防潮、防雷、防静电、防护围堤或者隔离操作等安全设施和设备。

烟花爆竹是危险品，国家危险品管理部门要求生产、储存企业，一定要具备下列条件：

1. 有符合国家标准的生产工艺、设备或者储存方式、设施；工厂、仓库的周边防护距离符合国家标准或者国家有关规定；

2. 有符合生产或者储存需要的管理人员和技术人员；

3. 有健全的安全管理制度；

4. 符合法律、法规规定和国家标准要求的其他条件。

除运输工具加油站、加气站外，危险品的生产装置和储存数量构成重大危险源的储存设施，与下列场所、区域的距离一定要符合国家标准或者国家有关规定：

1. 居民区、商业中心、公园等人口密集区域；

2. 学校、医院、影剧院、体育场（馆）等公共设施；

3. 供水水源、水厂及水源保护区；

4. 车站、码头（按照国家规定，经批准，专门从事危险化学品装卸作业的除外）、机场以及公路、铁路、水路交通干线、地铁风亭及出入口；

5. 基本农田保护区、畜牧区、渔业水域和种子、种畜、水产苗种生产基地；

6. 河流、湖泊、风景名胜区和自然保护区；

7. 军事禁区、军事管理区；

8. 法律、行政法规规定予以保护的其他区域。

危险品的生产、储存、使用单位，应当在生产、储存和使用场所设置通讯、报警装置，并保证在任何情况下处于正常适用状态。

生产、储存、使用单位，应当对化学、危险品的产量、流向、储存量和用途如实记录，并采取必要的保安措施，防止被盗、丢失或者误售、误用；发现剧毒化学品被盗、丢失或者误售、误用时，一定要立即向当地公安部门报告。

包装一定要符合国家法律、法规、规章的规定和国家标准的要求。包装的材质、型式、规格、方法和单件质量（重量），应当与所包装的危险化学品的性质和用途相适应，便于装卸、运输和储存。危险化学品的包装物、容器，一定要由省、自治区、直辖市人民政府经济贸易管理部门审查合格的专业生产企业定点生产，并经国务院质检部门认可的专业检测、检验机构检测、检验合格，方可使用。重复使用的危险化学品包装物、容器在使用前，应当进行检查，并做记录；检查记录应当至少保存 2 年。

危险品出入库，一定要进行核查登记。库存危险品应当定期检查。储存数量构成重大危险源的其他危险品一定要在专用仓库内单独存放，实行双人收发、双人保管制度。储存单位应当将储存构成重大危险源的其他危险品的数量、地点以及管理人员的情况，报当地公安部门和负责危险品安全监督管理综合工作的部门备案。危险专用仓库，应当符合国家标准对安全、消防的要求，设置明显标志。危险品专用仓库的储存设备和安全设施应当定期检测。

第二节　对烟花爆竹运输的要求

烟花爆竹产品的运输、运输车辆及搬运装卸，一定要执行《中华人民共和国民用爆炸物品管理条例》和《烟花爆竹安全与质量》有关规定。

危险品运输企业，应当对其驾驶员、船员、装卸管理人员、押运人员进行有关安全知识培训；驾驶员、船员、装卸管理人员、押运人员一定要掌握危险品运输的安全知识，并经所在地社区的市级人民政府交通部门考核合格（船员经海事管理机构考核合格），取得上岗资格证，方可上岗作业。危险品的装卸作业一定要在装卸管理人员的现场指挥下进行。

运输危险品的驾驶员、船员、装卸人员和押运人员一定要了解所运载的危险品的性质、危害特性、包装容器的使用特性和发生意外时的应急措施。运输危险品，一定要配备必要的应急处理器材和防护用品。

通过公路运输危险化学品的，托运人只能委托有危险品运输资质的运输企业承运。

托运人托运危险品，应当向承运人说明运输的危险品的品名、数量、危害、应急措施等情况。

托运人不得在托运的普通货物中夹带危险化学品，不得将危险化学品匿报或者谎报为普通货物托运。运输、装卸危险化学品，应当依照有关法律、法规、规章的规定和国家标准的要求并按照危险化学品的危险特性，采取必要的安全防护措施。

运输危险品要保证包装能够承受正常运输条件下产生的内部压力和外部压力，保证危险品在运输中不因温度、湿度或者压力的变化而发生任何渗（洒）漏、爆炸等。

通过公路运输危险品，一定要配备押运人员，并随时处于押运人员的监管之下，不得超装、超载，不得进入危险品运输车辆禁止通行的区域；确需进入禁止通行区域的，应当事先向当地公安部门报告，由公安部门为其指定行车时间和路线，运输车辆一定要遵守公安部门规定的行车时间和路线。危险化学品运输车辆禁止通行区域，由设区的市级人民政府公安部门划定，并设置明显的标志。运输危险品途中需要停车住宿或者遇有无法正常运输的情况时，应当向当地公安部门报告。

在公路运输途中发生被盗、丢失、流散等情况时，承运人及押运人员一定要立即向当地公安部门报告，并采取一切可能的警示措施。公安部门接到报告后，应当立即向其他有关部门通报情况；有关部门应当采取必要的安全措施。

任何单位和个人不得邮寄或者在邮件内夹带危险品，不得将危险品匿报或者谎报为普通物品邮寄。

第五章 烟花爆竹销售注意事项

第一节 核验经营资格

一、烟花爆竹批发单位资格

烟花爆竹批发单位应具有以下条件：

1. 经工商部门核准或工商注册，从业人员在 8 人以上，固定资产和流动资金不低于 100 万元。

2. 经安全管理部门审批取得批发经营烟花爆竹行业资格，取得《烟花爆竹批发经营资格证》，凭该证经公安机关审查确认安全经营条件，取得《爆炸物品销售许可证》后，再经工商行政管理部门登记，核发营业执照，方可经营。每一个经营年度经营资格证和销售许可证一定要通过年检合格。

3. 有固定的经营场所和专用储存仓库和能够提供经营、销售场所的房产证明或租赁协议，有危险货物运输车辆和专兼职押运员。

4. 主要负责人、安全管理人员应当具备相应的安全生产知识和管理能力，并经颁证的安监部门考核合格。

5. 有完善的安全责任制和各项安全管理制度及操作规程；

烟花爆竹经营公司的仓库保管、装卸、搬运、押运、驾驶员等特种工作人员应当接受烟花爆竹专业和知识培训，并经安监部门考核合格，取得资格证书。

二、烟花爆竹零售网点资格

（一）烟花爆竹零售网点应具备下列条件：

1. 经工商登记注册的企业法人、合伙企业、个人独资企业、个体工商户或生产、批发企业的销售分支机构。

2. 单位负责人具有初中以上学历，熟悉烟花爆竹安全基本知识及燃放常识。

3. 有可靠的通讯工具。

4. 生产、批发销售企业的零售分支机构，其产品供应和安全、经营管理由生产、销售批发企业负责。

5. 以销售地点为中心，半径100米内，没有加油站以能让其他易燃、易爆、有毒、有害等危险物质生产、储存设施；半径50米内，没有学校、幼儿园、商场、机关等人员密集场所，没有3层以上的居民宿舍；严禁设立或变相形成烟花爆竹集贸市场及一条街；严禁在国道、省道等人员、车辆密集的主要公路沿线、集贸市场及其周边的地带设立烟花爆竹批发、零售点。

6. 烟花爆竹零售一定要做到专柜销售、专人管理，配备必要的消防安全器材。

（二）烟花爆竹零售网点还需遵守如下规定：

1. 一定要到当地具有烟花爆竹批发经营资格的企业或有安全生产许可证的生产厂家进货，严禁从无证生产厂家和其他渠道进货。

2. 严禁买卖、出租、转让有关证照。

3. 严禁销售假冒伪劣和违禁产品。

4. 按规定缴纳安全风险押金。

第二节 进货质量检验标准与方法

一、外观与包装

1. 产品整洁，表面无浮药、无霉变、无污染。

2. 筒标纸粘贴吻合平整、无遮盖、无露头露脚、无包头包脚和露白现象。文字图案清晰。

3. 产品外型无明显变形、无损坏。标志分为产品标志、内包装标志和外包装标志。

4. 产品标志即为筒标，内容应有品名规格、商标、揭示语、警示语、制造厂名等。

5. 产品过小，经主管部门同意后，可不贴筒标。

6. 产品内包装标志内容应包括：招标、合格证和其他标记。招标内容除筒标所规定的内容外，还一定要有含药量和生产日期（或批号）。

7. 产品外包装标志内容包括：品名、规格、商标、制造厂、生产日期（或批号）、内装数量、净重、体积和危险品标记和“防火防潮”、“轻拿轻放”等安全用语。

8. 标志所用文字要通俗易懂、正确无误、使用规范。

9. 警句主体应不小于三号黑体字。提示语印刷面积不小于24平方厘米。

10. 筒标或招标不能安排的内容，应另行印刷装箱。

11. 产品一定要有内包装。内包装材料应采用防潮性好的塑料、纸张等，应封闭包装。内包装产品应排列整齐、不松动。

12. 外包装箱应使用木箱或纸箱，并捆扎牢固。箱体体积根据品种规格要求设计，最大体积不得超过 0.250 平方厘米。每箱重量不超过 30 千克。

13. 包装箱应有足够的强度和防潮性。成品箱空载时应能承受 120 千克重物正向静压而箱体无明显变形。木箱的板厚不小于 12 毫米，最大缝隙宽度不大于 4 毫米。

二、引火线

1. 引火线应表面整洁干燥、无破损漏药、无藕节、无空引和无霉变。

2. 氯酸钾引火线不得含有硫磺和硫化物。

3. 吐珠类引火线应在 6 ~ 10 秒引燃主体，大礼花弹类引火线应在 8 ~ 12 秒引燃主体，其他各类产品的引火线应在 3 ~ 6 秒内引燃主体。

4. 引火线应安装牢固，应能吊起规定重量的重物，保持 1 分种不脱落；

5. 产品在 10 克以下的，应吊起 10 克重物；

6. 产品在 10 ~ 50 克，应吊起自重 2 倍的重物；

7. 产品在 50 克以上的，应吊起 100 克重物。

三、筒体

1. 筒体长度在 100 毫米或 100 毫米以上，允许偏差为 ±2%；筒体长度在 100 毫以下，允许偏差为 ±3%。

2. 筒体外径允许偏差为 ±5%。

3. 筒体应粘合牢固、不开裂、不散筒。

四、底座

1. 放置在地面静止燃放的烟花，筒高超过筒外径 3 倍者，一定要安装底座。底座的外径或边长应大于主体高度（含安装底座后增加的高度）1/3，至少超过筒外径 10 毫米。

2. 底座应安装端正，产品放置在与水平面成 12 度角的斜面上不得倾倒。

底座应安装牢固，在倒垂的主体上加 30 克重量吊起，拿住底座保持 1 分钟主体应不脱落。

五、底塞

底塞应安装牢固。跌落试验中，不开裂，不脱落。

六、限用装药量

指禁用、限用药种和单个产品最大装药量。

（一）产品禁止使用砷化合物、汞化合物、铅化合物、没食子酸、苦味酸、镁粉（含镁合金粉除外）、六氯代苯、磷等，硫化锑不得与氯酸盐配伍。

（二）烟花产品禁止使用氯酸盐（烟雾类除外）。

（三）爆竹产品单发装药量在 0.05 克以上的，禁止使用氯酸盐作爆响剂的成分。

烟花爆竹单个产品最大装药量的限用。

1. 烟花装药量

烟花类单个产品最大装药量（不包括引火线药量）：

（1）喷花类：不得超过 75 克；

（2）旋转类：有固定轴不超过 60 克，无固定轴不超过 30 克；

（3）升空类：旋转升空产品不超过 20 克，大型火箭不超过

20 克，中型火箭不超过 10 克，小型火箭不超过 2 克；

（4）吐珠类不得超过 40 克；

（5）线香类不得超过 10 克；

（6）地面礼花类不得超过 25 克；

（7）烟雾类不得超过 200 克；

（8）造型玩具类不得超过 15 克；

（9）小礼花弹类不得超过 35 克。

2. 爆竹装药量

爆竹类单个产品最大装药量（不包括引火线药量）：

（1）硝酸盐炮不得超过 2.0 克，中炮不得超过 1.0 克，小炮不得超过 0.2 克；

（2）高氯酸盐炮不得超过 0.6 克，中炮不得超过 0.3 克，小炮不得超过 0.15 克；

（3）氯酸盐炮不得超过 0.05 克；

（4）单个产品装药量在 10 克或 10 克以上的允许重量偏差为 ±10%；在 10 克以下的允许重量偏差为 ±15%；在 1.0 克以下的允许重量偏差为 ±20%。各类产品不得超过该类产品的允许的最大装药量。

3. 烟花烧成率

（1）喷花类不小于 93%；

（2）旋转类：有固定轴的不小于 96%，无固定轴的不小于 93%；

（3）升空类：旋转升空不小于 93%，大型火箭不小于96%，中型火箭不小于 93%，小型火箭不小于 90%；

（4）吐珠类不小于 90%；

（5）线香类不小于 96%；

（6）地面礼花类：珠花型不小于 93%，伞型不小于 90%；

（7）烟雾类不小于 90%；

（8）造型玩具类不小于 90%；

（9）小礼花弹类不小于 96%。

七、爆竹爆响率

1. 硝酸盐炮：大炮不小于 93%，中炮不小于 90%，小炮不小于 85%；

2. 高氯酸盐炮：大炮不小于 93%，中炮不小于 90%，小炮不小于 85%；

3. 氯酸盐炮不小于 90%；

4. 爆竹产品爆炸时最大声级不得大于 150 分贝。

八、烟花产品的其他要求

1. 喷花类产品的喷射高度不大于 3 米；

2. 旋转类产品的允许飞离地面高度不大于 0.5 米，旋转直径范围不大于 2 米；

3. 旋转升空产品发射偏斜角不大于 45 度，火箭产品发射偏斜角不大于 20 度。大型火箭发射高度不小于 30 米，中型火箭发射高度不小于 20 米，小型火箭发射高度不小于 10 米；

4. 手持吐珠产品的亮珠发射水平距离小于 5 米的亮珠数不大于总珠数的 10%，地面吐珠产品亮珠发射垂直高度小于 4 米的亮珠数不大于总珠数的 10%；

5. 线香类产品燃放时不得爆燃或火星落地；

6. 烟雾类产品燃放时不得出现炸筒或明火；

7. 造型玩具类产品行走距离不大于 2 米；

8. 地面礼花类产品发射偏斜角不大于 20 度，发射高度不小于 10 米；

9. 小礼花弹的发射高度：直径为 25 毫米的，不小于 20 米；直径为 38 毫米的，不小于 25 米；

10. 各类升空类烟花产品不得出现火险和低炸；

11. 各类烟花产品手柄或手持部分 10 厘米内不得装药或涂敷药物；

12. 各类烟花产品的吊线长度应在 50 厘米以上。吊线强度应能在产品主体上加 50 克重量的重物后吊起，保持 1 分钟，吊线不脱落不断线。

九、引火吊线是否合格的试验方法

1. 产品外观与引火线外观用目测检验。

2. 长度的检验：用直尺或卡尺分别从互相垂直的两方向量取样品两端面距离，取其平均值为检验结果，读数精确到 0.5 毫米。

3. 外径的检验：用卡尺分别从上部、中部和底部量取样品的筒体外径，取其平均值为检验结果，读数精确到 0.5 毫米。

4. 引火线牢固性试验：将样品主体提起，在下垂的引火线上吊起规定的重物，观察 1 分钟，引线是否脱落。

5. 底座安装牢固性试验：拿起底座使主体向下，在下垂的主体上加挂 30 克重物吊起，观察 1 分钟，底座与主体是否分离。

6. 表底塞跌落试验：将主体（安装底座的产品不摘除底座）呈水平状拿住，从 400 毫米高处，向厚度为 30 毫米以上的硬木板上自由落下，每个样品重复 3 次，观察底塞是否开裂和脱落。

7. 底座安装平稳性试验：将样品直立放置在用硬木板制成的与水平面成 12 度角的斜面上，样品不应倾倒；样品旋转 90 度后，重复上述试验，也不得倾倒。

十、药物、药量检验方法

含药量检验：将样品逐个解剖，剔除引火线和杂物。单个样品含药量在1克以上的，用感量为0.1克的天平称量；单个样品含药量在0.1克以下的，用感量为0.001克的天平称量。

十一、燃放性能试验方法

1. 引火时间的试验：选择两块精度不低于0.1秒的计时秒表，记录点燃引火线至引燃主体的时间间隔。若两秒表读数偏差值不大于0.5秒，检验结果有效，取平均值为引火线燃烧时间（计算精确到0.1秒）；若两秒表读数偏差值大于0.5秒，检验结果无效。

2. 发射高度的测定：可选用标杆、测高仪、经纬仪及其他仪器设备测量高度。发射高度在10米以下，测高偏差为±1米；发射高度在10~50毫米，测高偏差为±2米。

3. 发射偏斜角的测定：将一直径可改变的铁丝圆圈，水平挂放在距样品喷火口2米高处，圆心与发射点在同一垂线上，调节圆圈直径与发射点构成允许偏斜角度，观察样品是否穿过铁丝圈。

4. 声级的测定：将爆竹样品放置（大、中炮立放，小炮平放）在空旷无风的平地上，声级计安装在距样品水平距离2米、距地面1.5米高处，测量最大分贝值。

5. 烧成试验：按数量将单位样品逐个燃放，统计出烧成数与未烧成数。

6. 爆响试验：按规定数量将单位爆竹样品燃放后，统计出未爆响数。样品燃放有下列现象之一者统计为未影响：冲射、冲头、冲底、穿孔、熄引和空筒。

7. 亮珠着火试验：按规定数量将单位吐珠样品燃放后，统计出亮珠着火的数量。

第三节　签订生产、运输与销售合同

员工安全生产合同（样本）

甲方：

乙方（员工）：

签订日期：　　　年　　月　　日

甲方：

法定代表人或委托代理人：

乙方（员工）：　　　　　性别：

工种（职务）：　　　　　文化程度：

出生日期：　　　年　　月　　日

参加工作时间：　　　年　　月　　日

根据《中华人民共和国安全生产法》和《×××安全生产管理规定》，经甲乙双方平等协商、意见一致，自愿签订本合同，并共同遵守本合同所列条款。

一、合同期限

本合同期限：自　　年　月　日起，至　　年　月　日止。

二、甲方的权利和义务

（一）甲方的权利

1. 有权要求乙方一定要严格遵守安全生产法律、法规、标准、安全生产规章制度和操作规程，熟练掌握事故防范措施和事故应急处理预案。

2. 对经培训考核不合格、安全技能不具备所在岗位要求或认定身体条件不适应所在岗位要求的乙方，有权停止工作或调换其工作岗位。

3. 对乙方执行安全生产法规、标准、规章、制度，履行安全职责情况，有权进行检查、监督、考核。

4. 对乙方在生产作业活动中的违法、违规、违章行为有权进行制止和纠正，并按相应规定进行处理。

5. 组织或参与调查本单位发生的事故，并有权按有关规定对事故责任者进行处理。

（二）甲方的义务

1. 依法建立健全本单位安全生产操作规程、安全生产规章制度和事故应急预案，并告知乙方和检查落实。

2. 提供符合有关规定、标准的劳动安全卫生设施、条件和防护用品；对从事有职业危害作业的乙方按有关规定组织健康检查。

3. 对乙方进行安全生产教育和安全生产技能培训，对岗位可能存在的危险、危害告知乙方。

4. 对女性乙方按照国家规定实行特殊劳动保护。

5. 对本单位发生的事故应立即组织抢险、抢救，并按有关规定进行事故统计、报告。对乙方的工伤确认，按照国家和集团公司有关规定办理。

6. 甲方应依法按照有关规定为乙方进行工伤保险。

7. 对乙方在安全生产中做出的特殊贡献者，按本单位考核规定给予表彰和奖励。

8. 接受工会、群众和新闻媒体的监督，对提出的建议和意见，及时答复和处理。

三、乙方的权利和义务

（一）乙方的权利

1. 参与安全生产管理，有权对安全生产管理工作提出合理化建议或改进意见。

2. 有权拒绝执行管理人员违章指挥、强令冒险作业；有权拒绝进入劳动保护条件不完备、事故隐患未排除、不具备生产作业条件而危及生命安全的作业场所。

3. 对本单位安全生产状况进行监督，发现事故隐患或其他不安全因素，有权要求本单位组织整改；对危及生命安全和身体健康的行为，有权提出批评、检举和控告，单位不得因此而降低其工资等待遇或解除劳动合同。

4. 有权了解本岗位存在的危险因素、防范措施和应急救援措施。

5. 发现直接危及人身安全的紧急情况时，有权停止作业或者在采取可能的应急措施撤离危险场所避险，并立即向管理人员报告。

6. 有权享受国家、集团公司和本单位规定的劳动保护。

7. 根据有关规定有权享受工伤保险。

（二）乙方的义务

1. 熟悉并严格执行各项安全生产规章制度、标准及操作规程。

2. 接受安全教育培训，具备识别、控制与本岗位工作有关危险点源的能力，熟练掌握事故防范措施和事故应急处理预案，掌握本职工作的安全知识和安全技能；对于国家规定需要取得职业资格证书后方能上岗的，应事先取得相应的职业资格证书后方可上岗。

3. 服从甲方管理，认真履行安全职责，互相关心、帮助和监督，制止违章冒险行为；按照有关规定做好所在岗位职责要求的安全检查，发现事故隐患、重大险情，应及时报告，并采取有效措施。

4. 熟悉与本岗位有关的安全、卫生和消防设施、设备及器材部位，掌握其使用方法，并按规定进行维护。

5. 当发生事故时，及时采取有效措施，避免事故进一步扩大，并及时报告，保护事故现场及有关记录等资料。

6. 从事生产经营管理岗位的乙方，除应履行本合同乙方义务条款外，还应按照本单位安全生产规章制度中有关管理岗位的职责要求，承担相应的义务和责任。

四、违约责任及处理

1. 安全生产中发生的事故，应经事故调查确认责任。事故调查应按照国家、集团公司、指挥部和本单位有关规定进行，构成犯罪的，依法追究刑事责任。

2. 违约但没有造成事故的，按国家和本单位有关规定处理。

3. 甲方违约造成的责任事故，甲方承担相应的责任，并按相关规定追究有关人员的责任。

4. 乙方违约造成的责任事故，乙方承担相应的责任（包括：行政处罚、赔偿经济损失、解除劳动合同等）。

5. 甲、乙双方共同违约造成的安全生产责任事故，根据双方各自违约责任的大小，分别承担相应的责任。

6. 由于不可抗力造成的事故，由甲方依法承担相应责任。如由于乙方原因导致事故损失的，乙方就损失扩大部分承担相应责任。

7. 乙方的违规、违章行为，进行批评教育，并按照本单位专项考核办法视情节轻重给予处罚。

8. 乙方具有下列情况之一造成自身伤亡的，甲方将不予认定乙方工伤和承担赔偿及其他相关责任：

（1）蓄意违章；

（2）酗酒、吸毒；

（3）自杀或自残；

（4）法律、法规规定的其他情形。

五、合同争议解决办法

因履行合同而发生的任何争议纠纷，当事双方应协商解决；协商不成的，可向本单位劳动争议调解委员会申请调解，也可向××指挥部劳动争议调解委员会或辖区的劳动争议仲裁委员会申请仲裁；对仲裁不服的或劳动争议仲裁委员会做出不予受理决定的，可向当地人民法院提起诉讼。

六、合同的解除和终止

具有下列条件之一，员工安全生产合同应终止：

1. 劳动合同终止或解除的；
2. 依法解除安全生产合同的；
3. 双方当事人协商同意解除安全生产合同的。

七、其他

1. 本合同是劳动合同的补充，与劳动合同具有同等法律效力。

2. 本合同未尽事宜或与今后国家法律、法规及上级部门的有关政策、规定相悖的，按有关法律、法规、政策、规定执行。

3. 本合同用钢笔或碳素笔填写，一式二份，甲乙双方各持一份。

甲方（盖章）：

法定代表人或委托代理人（签章）：

乙方（签章）：

签订日期：　　　年　　月　　日

危险品运输合同（样本）

发包方：______________，以下简称甲方

承包方：______________，以下简称乙方

根据业务发展需要，甲方拟在××地区设立分支机构（以下简称分理处）并交由乙方承包经营，本着自愿、平等、互惠互利的原则，经双方协商一致达成如下协议：

一、承包经营授权范围

1. 甲方授权乙方在________区（包含________区各乡镇，市区除外）开展危险品运输业务洽谈工作。

2. 甲方授权乙方在________区（包含________区各乡镇，市区除外）开展普通货物运输业务。

3. 甲方授权乙方使用甲方的标志标识。

4. 分理处承包利润分配方式采取保证基数，确保上交，超收多留，欠收自补的原则。

二、优惠条款

1. 甲方批准给乙方________元每月的专业物流交易网会员资格（在甲方与物流交易网合作期内）。

2. 乙方分理处一年内完成业务量达成________万以上并且安全无事故或纠纷的，甲方在乙方的上交管理费中提取20%作

为对乙方的奖励。

三、甲乙双方的权利和义务

1. 甲方为乙方提供公司宣传资料。

2. 甲方有义务为乙方在分理处的前期业务开展进行全面的指导并给以大力的支持。

3. 乙方积极宣传推广甲方分理处业务，维护甲方的企业形象和服务品质。

4. 乙方一定要服从甲方的管理，遵守甲方的各项规章制度，业务接洽时一定要以甲方分理处员工身份来进行交流。

5. 在乙方接到长期运输业务或批量的运输业务后，由乙方起草合同，甲方给予审核，签订合同时加盖甲方合同章。具体的运输由乙方实施，责任亦由乙方承担。

6. 分理处在招聘员工时一定要经过甲方审核同意后方可任用。

7. 合同期内分理处的各项支出费用均由乙方承担。

8. 乙方为经营者也是________分理处的负责人。

9. 乙方有权根据企业的经营管理需要设置分理处的内部机构。

10. 乙方有权按规定任免分理处中层干部。

11. 乙方有权决定企业工人工资的分配方式。

12. 乙方不得私自承接零散业务或单次运输业务，乙方所承接的业务一定要以甲方分理处名义。

13. 所有承运乙方业务的危险品车辆，一定要经过甲方审核并与其签订承运合同和责任状，同时按照甲方规定办理各种保险。乙方不得私自寻找车源，由此造成的后果全部由乙方承担。

14. 分理处办公场地的先期开办费用，人员工资及水电费等一切费用由乙方承担。

四、资金结算方式

1. 甲方依据运输合同和派车单与乙方结算。

2. 乙方按照运费总额的7%上交利润给甲方。

3. 结算时间按月计算，每月的3号前结清上月费用。

五、违约责任

1. 甲方一定要全力支持乙方的合法工作，全力协调所需危险品车辆，如因甲方故意行为有损乙方利益的，甲方承担赔偿责任。

2. 甲方在接到乙方业务报审申请时，一定要在一周内作出审核意见，如因甲方故意拖延造成的损失由甲方承担责任。

3. 客户运费采取汇至甲方账户的，甲方一定要按时按标准支付给乙方，不得无故截留或挪用，否则，甲方承担10%赔偿。

4. 如乙方私自承接单次运输业务，甲方有权追究乙方责任，并要求乙方给予本次运输费用的10倍赔偿。

5. 乙方不得擅自超出授权范围开展业务，确因特殊情况的，乙方心须在征得甲方许可的情况下方可开展。否则，乙方承担预接洽业务总额的5%的罚款。

6. 乙方一定要加强人员及车辆的管理，确保安全规范操作，因违法违规造成的一切责任均由乙方承担。

7. 乙方第一年的业务基数为________万元。如未完成，上交部分由乙方补足。如连续两年无法完成的当年基数的，甲方有权利单方面终止本协议。

8. 乙方一定要对甲方的各种资料及数据保密，否则甲方有权追偿乙方的损失。

9. 在合同期内乙方不得或变相以分理处员工以外的身份承接业务。本协议因任何原因未能履行到合同约定期限而终止后，乙方在三年内不得从事与甲方业务同样或类似的经营活动。

10. 在协议执行期间，若双方或一方认为需要终止，应提前一个月通知对方，在双方认可的前提下，在双方财务结算完毕，各自责任明确履行之后，可终止协议。因一方违反本协议的约定擅自终止本协议，给对方造成损失的，应赔偿对方损失。在本协议期满时，如双方同意，可续签本协议。

11. 经双方协商达成一致，可对本协议有关条款进行变更，但应当以书面形式确认。

12. 乙方一定要对乙方原因导致的损失负责。

六、争议解决

在本协议执行期间若双方发生争议，双方应友好协商解决。若协商不成，向本合同签订地人民法院起诉。

七、协议有效期

本协议自双方签订之日起生效。有效期________年。

八、本协议一式两份，双方各执一份

甲方：__________（盖章）乙方：__________（签字）

地址：____________ 身份证号：__________________

电话：____________ 地址：______________________

______年____月____日 ______年____月____日

供销合同（样本）

甲方：

法定代表人：

乙方：

法定代表人：

根据《中华人民共和国合同法》与烟花爆竹相关经营法律法规之规定，经甲乙双方充分协商，特订立合同，以便共同遵守。

第一条　产品的名称、品种、规格和质量。

1. 产品的名称、品种、规格：

（注明产品的牌号或商标）

2. 产品的技术标准（包括质量要求），按下列第（　　）项执行：

（1）按国家标准执行；

（2）按部颁标准执行；

（3）按企业标准执行；

（4）有特殊要求的，按甲乙双方在合同中商定的技术条件、样品或补充的技术要求执行。

第二条　产品的数量和计量单位、计量方法。

1. 产品的数量：______________________________。

2. 计量单位、计量方法：______________________。

第三条　产品的包装标准和包装物的供应与回收。

____。

（国家或业务主管部门有技术规定的，按技术规定执行；国家与业务主管部门无技术规定的，由甲乙双方商定。）

第四条　产品的交货单位、交货方法、运输方式、到货地点。

1. 产品的交货单位：__________________________。

2. 交货方法，按下列第（　　）项执行：

（1）乙方送货；

（2）乙方代运；

（3）甲方自提自运。

3. 运输方式：______________________________。

4. 到货地点和接货单位（或接货人）

____。

第五条 产品的交（提）货期限。

____。

（规定送货或代运的产品的交货日期，以乙方发运产品时承运部门签发的戳记日期为准，当事人另有约定者，从约定；合同规定甲方自提产品的交货日期，以乙方按合同规定通知的提货日期为准。乙方的提货通知中，应给予甲方必要的途中时间，实际交货或提货日期早于或迟于合同规定的日期，应视为提前或逾期交货或提货。）

第六条 产品的价格与货款的结算。

1. 产品的价格：按下列第（ ）项执行：

（1）按物价主管部门的批准价执行；

（2）按甲乙双方的商定价执行。（逾期交货的，遇价格上涨时，按原价执行；遇价格下降时，按新价执行。逾期提货或逾期付款的，遇价格上涨时，按新价格执行；遇价格下降时，按原价执行。由于逾期付款而发生调整价格的差价，由甲乙双方另行结算，不在原托收结算金额中冲抵。执行浮动价和协商定价的，按合同规定的价格执行。）

2. 产品货款的结算：产品的货款、实际支付的运杂费和其他费用的结算，按照中国人民银行结算办法的规定办理。（用托收承付方式结算的，合同中应注明验单付款或验货付款。验货付款的承付期限一般为10天，从运输部门向收货单位发出提货通知的次日起算。凡当事人在合同中约定缩短或延长验货期限的，应当在托收凭证上写明，银行从其规定。）

第七条 验收方法：

____。

（合同应明确规定：（1）验收时间；（2）验收手段；（3）验收标准；（4）由谁负责验收和检验；（5）在验收中发生纠纷后，由哪一级主管产品质量监督检查机构执行仲裁等等。）

第八条　对产品提出异议的时间和办法。

1. 甲方在验收中，若发现产品的品种、型号、规格、花色和质量不合规定，应一面妥为保管，一面在　天内向乙方提出书面异议。在托收承付期内，甲方有权拒付不符合合同规定部分的货款。

2. 如甲方未按规定期限提出书面异议的，视为所交产品符合合同规定。

3. 甲方因使用、保管、保养不善等造成产品质量下降的，不得提出异议。

4. 乙方在接到甲方书面异议后，应在10天内负责处理。否则，即视为默认甲方提出的异议和处理意见。

第九条　乙方的违约责任。

1. 乙方不能交货的，应向甲方偿付不能交货部分货款的　%（通用产品的幅度为1%～5%，专用产品的幅度为10%～30%）的违约金。

2. 乙方所交产品品种、型号、规格、花色、质量不符合合同规定的，若甲方同意利用，应当按质论价；若甲方不能利用的，应根据产品的具体情况，由乙方负责调换或退货而支付的实际费用。乙方不能调换的，按不能交货处理。

3. 乙方因产品包装不符合合同规定，一定要返修或重新包装的，乙方应负责返修或重新包装，并承担支付的费用。甲方不要求返修或重新包装而要求赔偿损失的，乙方应当偿付甲方该不合格包装物低于合格包装物的价值部分。因包装不符合规定造成货物损坏或丢失的，乙方应当负责赔偿。

4. 乙方逾期交货的，应比照中国人民银行有关延期付款的规定，按逾期交货部分货款计算，向甲方偿付逾期交货的违约金，并承担甲方因此所承受的损失费用。

5. 乙方提前交货的产品、多交的产品和品种、型号、规格、花色、质量不符合合同规定，甲方在代保管期内实际支付的保管、保养等费用以及非因甲方保管不善而发生的损失，应当由乙方承担。

6. 产品错发到货地点或接货人的，乙方除应负责运交合同规定的到货地点或接货人外，还应承担甲方因此多支付的一切实际费用和逾期交货的违约金。乙方未经甲方同意，单方面改变运输路线和运输工具的，应当承担由此增加的费用。

7. 乙方提前交货的，甲方接货后，仍可按合同规定的交货时间付款；合同规定自提的，甲方可拒绝提货。乙方逾期交货的，乙方应在发货前与甲方协商，甲方仍需要的，乙方应照数补交，并负逾期交货责任；甲方不再需要的，应当在接到乙方通知后 15 天内通知乙方，办理解除合同手续，逾期不答复的，视为同意发货。

第十条　甲方的违约责任。

1. 甲方中途退货，应向乙方偿付退货部分货款 % （通用产品的幅度为 1% ~5%，专用产品的幅度为 15% ~30%）的违约金。

2. 甲方未按合同规定的时间和要求提供应交的技术资料或包装物的，除交货日期得顺延外，应比照中国人民银行有关延期付款的规定，按顺延交货部分货款计算，向乙方偿付顺延交货的违约金；若不能提供的，按中途退货处理。

3. 甲方自提产品未按供方通知的日期或合同规定的日期提货的，应比照中国人民银行有关延期付款的规定，按逾期提货部分货款总值计算，向乙方偿付逾期提货的违约金，并承担乙方实际支付的代为保管、保养的费用。

4. 甲方逾期付款的，应按照中国人民银行有关延期付款的规定向乙方偿付逾期付款的违约金。

5. 甲方违反合同规定拒绝接货的，应当承担由此造成的损失和运输部门的罚款。

6. 甲方如错填到货地点或接货人，或向乙方提出错误异议，应承担乙方因此所受的损失。

第十一条　不可抗力。

甲乙双方的任何一方由于不可抗力的原因不能履行合同时，应及时向对方通报不能履行或不能完全履行的理由，在取得有关主管机关证明以后，允许延期履行、部分履行或者不履行合同，并根据情况可部分或全部免予承担违约责任。

第十二条　其他：

____。

按本合同规定应该偿付的违约金、赔偿金、保管保养费和各种经济损失，应当在明确责任后10天内，按中国人民银行规定的结算办法付清，否则按逾期付款处理。但任何一方不得自行扣发货物或扣付货款来充抵。

本合同如发生纠纷，当事人双方应当及时协商解决，协商不成时，任何一方均可请业务主管机关调解，调解不成，按以下第（　）项方式处理：

1. 申请仲裁委员会仲裁。

2. 向人民法院起诉。

第十三条　本合同自________年______月______日起生效，有效期至________年______月______日。合同执行期内，甲乙双方均不得随意变更或解除合同。合同如有未尽事宜，一定要经双方共同协商，作出补充规定，补充规定与本合同具有同等效力。本合同正本一式二份，甲乙双方各执一份；合同副本一式________份，分送甲乙双方的主管部门、银行（如经公证或鉴证，应送公证或鉴证机关）烟花爆竹管理等单位各留存一份。

购货单位（甲方）：__________（公章）

供货单位（乙方）：__________（公章）

代 表 人：____________________

代 表 人：____________________

开户银行：________________　账号：________________

开户银行：________________　账号：________________

电话：____________________　电话：________________

______年____月____日　　______年____月____日

附：烟花爆竹合同供货单位登记表

年　月　日

企业名称（加盖公章）		法　定代表人	
企业性质		联系电话	
详细地址		邮　　编	
销售××地区单位			
烟花爆竹品种			
附件（复印件）	（1）工商营业执照；（2）烟花爆竹安全生产许可证；（3）产品质检报告书；（4）企业法定代表人身份证。		

填表人：

注：此表由申请合同供货单位填写，一式三份。

第六章
预防与处理烟花爆竹事故

第一节　烟花爆竹事故应急预案

虽然国家做了与烟花爆竹有关的大量立法，在生产、运输、销售等各个环节尽量控制烟花爆竹事故的发生，但每年还是有新的由烟花爆竹引起的火灾、爆炸等重大灾难。为了将灾难的损失减少到最小，出了事故相关单位知道如何配合与处理，《烟花爆竹管理条例》中规定，各地都要有针对烟花爆竹的事故应急预案。以下，就以某市的预案为参考，让大家了解烟花爆竹事故的应急处理。

一、总则

（一）编制目的

为规范烟花爆竹安全应急管理工作，科学应对烟花爆竹事故，保障人民群众生命财产安全，最大限度地减少人员伤亡、财产损失，维护人民群众的生命安全和社会稳定。

（二）编制依据

依据《中华人民共和国安全生产法》、《中华人民共和国消防法》、《烟花爆竹安全管理条例》、《中华人民共和国民用爆炸物品管理条例》等法律法规及有关规定，制定本预案。

（三）适用范围

本预案适用于某市境内在生产、储存、销售和运输过程中发生的可预见的较重、严重、特别严重的烟花爆竹事故。

（四）工作原则

1. 以人为本，安全第一。把保障人民群众的生命财产安全和身体健康作为应急工作的出发点和落脚点，最大限度地预防和减少烟花爆竹事故造成的人员伤亡和危害。充分发挥人的主观能动性，充分发挥人民群众在应急工作中的重要作用。

2. 统一领导、分级管理。市成立烟花爆竹应急指挥部，统一领导全市突发烟花爆竹事故应急处置工作。应急指挥部根据烟花爆竹事故的严重性、可控性、所需动用的资源以及影响范围等因素，分级设定和启动相应预案，组织某市烟花爆竹事故的预警、报警、响应、结束及善后处置等工作。各县（市、区）政府要制定本地区烟花爆竹事故应急救援预案，各职能部门根据本部门在应急救援中的职责制定本部门的应急预案，并与政府应急预案有机统一。

3. 结构完整、信息共享。市级烟花爆竹事故应急救援的牵头部门为某市安监局，其他相关职能部门和单位要主动配合、密切协作、形成合力。充分利用相关职能部门现有资源，实现相关信息共享，确保烟花爆竹事故信息及时准确传递，提高应急救援工作的效率。

4. 依靠科学、注重实效。制定、修订烟花爆竹事故应急预案要充分发挥专家的作用，实行科学民主决策，采用先进的监测、预警、预防和应急处置技术装备，提高烟花爆竹事故预防和应急救援的科技水平。

5. 预防为主、平战结合。贯彻落实“安全第一，预防为主”的方针，坚持事故灾难应急与预防工作相结合，做好预防、预测、预警和预报工作。做好常态下的风险评估、物资储备、队伍建设、完善装备、预案演练等工作。

二、组织指挥体系及职责

（一）组织机构与职责

某市烟花爆竹事故应急组织机构由某市人民政府烟花爆竹事故应急指挥部（以下简称：市烟花爆竹事故应急指挥部）和各县（市、区）烟花爆竹事故应急指挥机构组成。市烟花爆竹事故应急指挥部下设办公室。当发生重大、特大烟花爆竹事故时，成立市级现场指挥部。

1. 应急指挥部

全市烟花爆竹重特大事故应急工作由市烟花爆竹事故应急指挥部统一负责指挥，总指挥由市政府分管副市长担任，副总指挥由市政府分管副秘书长、军分区领导、市安监局局长、市公安局局长担任（情况特别时，由市长任总指挥、分管副市长任副总指挥，参与部门的负责人为应急指挥部成员）。成员单位包括：军分区、市委宣传部、市公安局、市安监局、市交通局、市卫生局、市质监局、市气象局、市电信局、市发展与改革委员会、市电力公司等。

市烟花爆竹事故应急指挥部负责统一指挥烟花爆竹事故的救援工作；组织编制和修订应急预案；做出烟花爆竹重大事故抢救决策；命令并可委托、授权其他部门、单位实施应急救援需要的所有工作；负责建立和维护应急信息平台；甄别严重、特别严重烟花爆竹事故，提出预警级别建议；配合地方做好善后和灾后重建工作。必要时，协调军队、武警、公安系统迅速调集部队和公安干警参加特别重大事故应急救援工作。

2. 应急指挥部办公室

市烟花爆竹事故应急指挥部下设办公室，办公室设在市安监局。负责市烟花爆竹事故应急指挥部的日常工作；负责各应急救援职能部门间的联系、协调；迅速了解、收集和汇总烟花爆竹事故信息，及时向烟花爆竹事故应急指挥部和市应急委报告；组织烟花爆竹事故调查，了解、汇总应急工作情况；制定烟花爆竹事故应急演练的计划，并组织实施演练。

3. 现场指挥部

市级现场指挥部是重大、特大烟花爆竹事故的现场应急处置机构，应急响应期间设市级现场指挥部，总指挥由市政府分管副秘书长担任，副总指挥分别由市安监局局长、市公安局局长、事故所在地县（市、区）长或副县（市、区）长担任。现场指挥部负责组织、指挥和协调事故现场的救援工作；分析、判断烟花爆竹事故趋势和确定应急工作方案；部署和组织相关职能部门按照应急救援预案，开展紧急救援工作，并与市应急委一定要保持不间断联络，随时报告救援情况，传达落实上级有关救援指示；涉及重大事项应先报告后处置，情况紧急时也可边处置边报告；组织、落实救援物资；开展事故现场的应急抢修和人员救护工作；撰写灾情评估报告。

（二）应急组织体系与职责

1. 应急组织体系图

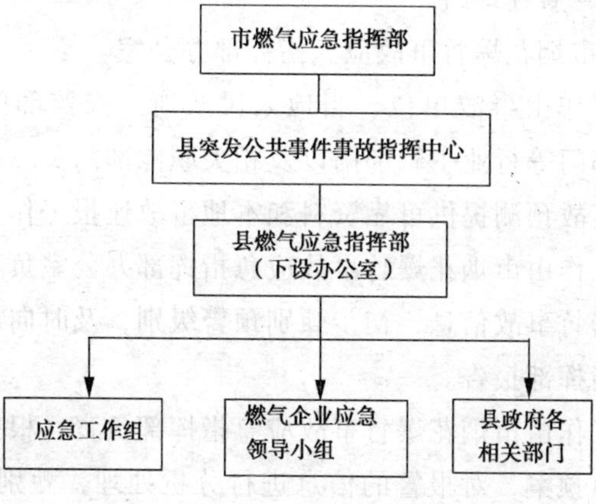

全市烟花爆竹重大、特大事故应急工作在市应急委领导下，

由市烟花爆竹事故应急指挥部和现场指挥部具体指挥。

2. 市应急委

（1）市烟花爆竹事故应急指挥部。

（2）事故现场指挥部。

（3）市政府有关部门。

（4）灾情评估组。

（5）工程抢险组。

（6）灭火救援组。

（7）医疗救护组。

（8）安全警戒组。

（9）通信保障组。

（10）综合协调组。

（11）物资供应组。

（12）专家咨询组。

（13）宣传报道组。

（14）安全疏散组。

（15）善后处理组。

（16）市烟花爆竹事故应急指挥部办公室。

报警工作由事故单位、当地人民政府、安监部门、公安部门、消防部门等行业主管部门以及相关职能部门负责，承担日常监管，为事故预测提供可靠资料和本地事故速报工作。

接警工作由市烟花爆竹事故应急指挥部办公室负责，接收和了解烟花爆竹事故信息，初步甄别预警级别，及时向市烟花爆竹事故应急指挥部报告。

处警工作由市烟花爆竹事故应急指挥部负责，根据市烟花爆竹事故应急预案，对报警的信息进行分析处理，甄别预警级别，提出是否启动应急预案的意见，报市应急委决策。

3. 应急小组组成及其职责

根据现场指挥部的要求，下设若干应急小组，各组组成及其职责分别如下：

灾情评估组：由某市安全生产监督管理局、某市经贸委、行业主管部门等组成。主要负责判断灾情的变化发展趋势；及时向上级指挥部汇报灾情可能出现的情况，为领导正确决策提供依据；提供控制灾害的技术手段。

安全警戒组：由事故所在地公安部门牵头，主要负责事故现场道路交通管制；布置安全警戒，禁止无关人员和车辆进入危险区域；在人员疏散区域进行治安巡逻。

安全疏散组：由事故所在地公安部门牵头，地方政府有关部门人员及事故单位安全保卫人员配合，主要负责事故现场的交通疏导，保证救援顺利进行，做到消防车、救援车及其他有关车辆能畅通进出事故现场；负责对现场及周围居民进行防护指导、人员疏散及周围物资转移等工作。

工程抢险组：由公安部门牵头，消防、质监局、应急救援专家、当地有关检修单位及事故单位救援队伍配合，主要负责现场危险源的控制，防止事故的扩展；组织专用防护用品及专用工具；现场烟花爆竹事故性质的侦检和确定。

灭火救援组：由公安部门牵头，消防和事故单位义务消防队伍配合，主要负责现场烟花爆竹火灾的扑救；现场伤员的搜救。

医疗救护组：由卫生部门牵头，药监部门参加，主要负责在事故现场附近的安全区域设立临时医疗救护点，及时抢救现场撤出的受伤人员（包括受伤抢救队员）；与当地及外地有关医疗单位联系抢救事宜；现场急救药品的联系和提供。

通信保障组：由电信等部门组成，主要负责及时组织力量抢修事故地区通信设备和线路，保证事故应急通信畅通，必要时，经批准后，可调用其他有关部门的通信系统。

综合协调组：由安监部门牵头，公安部门及当地政府参加，主要负责事故现场各救援小组间的联系协调；信息、咨询的传递及发布，事故单位联络、与现场各职能组的联络；向现场指挥部及各职能组提供相关职能组及其他有关方面的联系电话、联系方式；负责有关事故报道事项。

物资供应组：由事故所在地政府牵头，公安部门、交通部门、事故单位的主管部门及相关单位参加，主要负责保证现场救援所需的各类生活物资和抢救物资及器材的供应；事故现场的照明及通信联络；事故现场所需的物资、器材及车辆调度。

专家咨询组：由市应急委指派，由安监、公安和质监部门参加，主要负责对事故应急救援提出应急救援方案和安全措施，为现场指挥救援工作提供技术咨询，及时给出是否有次生灾害可能的结论。

宣传报道组：由宣传、安监、外事、新闻等部门组成，主要负责烟花爆竹事故救灾工作宣传报道，按规定向公众发布灾情等有关信息，负责回答新闻媒体有关灾情的询问。

善后处理组：由当地政府牵头，事故单位及有关单位参加，主要负责事故伤亡人员的善后处理，周围群众和伤亡人员家属的安抚工作及其他未尽事项。

三、预测预警机制

（一）信息监测与报告

由安监部门和中介机构负责对重大危险源、危险危害因素和安全隐患采用安全检查、安全评价（评估）和隐患整改的方法进行监测。烟花爆竹从业单位在发生事故后，应在第一时间上报当地烟花爆竹事故应急指挥机构和市安监局。报告的基本内容应包括：事故对象、事故原因、事故影响范围、事故发展趋势及可能扩大的范围、事故单位已采取的应急措施及对事故控制的效果、需要支援和确保的资源、建议需要启动的事故级别。

地方应急指挥机构接警后，立即组织有关人员和专家赴事故现场救援，当确定事故有发展为重（特）大事故趋势时，立即上报市烟花爆竹事故应急指挥部和市应急委，确定应急级别。

（二）预警预防行动

1. 预警

事故发生单位、群众、突发事件当事人通过网络、电话等方式，向当地应急指挥机构、烟花爆竹事故应急指挥机构、安监部门、行业主管部门报告，当地应急指挥机构根据需要启动事故应急预案，并向市应急指挥部报告。

接警后，由县（市、区）烟花爆竹事故应急指挥机构办公室通过电话、网络等方式上报至市烟花爆竹事故应急指挥部办公室。市烟花爆竹事故应急指挥部办公室对报警信息进行研究，形成意见，报市烟花爆竹事故应急指挥部讨论形成意见后，报市应急委决定是否启动应急预案。

2. 先期预防措施

应急指挥部接警后，立即传达到相关单位，做好准备；报告市政府、市应急委，协助市政府组织联络有关部门，提出救援初步方案；尽快撤离附近群众，采取一切措施，防止人员伤亡。

3. 预警级别确定与发布

预警级别确定原则：

按照烟花爆竹事故的严重性、紧急程度和发展态势，将预警等级分为一般（Ⅳ级）、较重（Ⅲ级）、严重（Ⅱ级）、特别严重（Ⅰ级），分别用蓝色、黄色、橙色和红色表示。

Ⅰ级预警是指因烟花爆竹爆炸（燃烧）一次死亡30人以上

的事故。

Ⅱ级预警是指因烟花爆竹爆炸（燃烧）一次死亡10人以上、30人以下的事故。

Ⅲ级预警是指因烟花爆竹爆炸（燃烧）一次死亡3人以上、10人以下的事故。

发生或者可能发生一般事故时启动Ⅳ级响应。

本预案有关数量的表述中，“以上”含本数，“以下”不含本数。

4. 确认程序和发布程序

Ⅳ级由事故发生地所在县（市、区）安监局，根据上述确认原则进行确认，由所在地应急机构发布；Ⅲ级由市安监局根据上述确认原则进行确认，由所在地应急委发布；Ⅱ级由省安监局根据确认原则进行确认，由省应急指挥中心发布；Ⅰ级由省安监局根据确认原则进行确认，经省应急指挥中心请示国家后发布。

四、应急响应

（一）分级响应

1. Ⅳ级应急响应

所在地县（市、区）应急指挥机构根据县（市、区）烟花爆竹事故应急指挥机构的报告和事故单位的报告，启动应急预案，立即成立现场指挥部，组织、指挥事故应急工作，及时将事故发展情况和应急工作情况报告市应急指挥部、市应急委，并抄送市有关部门；县（市、区）应急指挥机构迅速组织事故的抢险救灾工作，有必要时请求事故所在地周边县（市、区）支援事故的救援工作，或决定实行特别管制措施。事故难以控制时上报市应急委请求救援；当地驻军、武警总队、有关部门和单位按照县（市、区）应急指挥机构统一部署组织对灾区进行紧急支援。

2. III 级应急响应

事故所在市、县（区）应急指挥机构立即启动烟花爆竹事故应急预案，组成现场指挥部，指挥现场紧急处置工作，并及时将事故发展情况和应急工作情况报告省烟花爆竹应急指挥中心，并抄送省有关部门。

3. II 级应急响应

事故所在市、县（区）应急指挥中心立即启动烟花爆竹事故应急预案，组成现场指挥部，指挥现场紧急处置工作，省应急指挥中心根据市、县应急指挥中心事故情况报告和省烟花爆竹事故应急指挥中心的报告，启动省级烟花爆竹事故应急预案。

4. I 级应急响应

省应急指挥中心迅速了解事故情况，启动省级事故应急预案，并视事故情况上报国务院有关部门，同时通报当地驻军领导机关请求应急救援支持。

省应急指挥中心组织事故的抢险救灾工作，有必要时组织事故所在地周边市、县参加事故的救援工作，或决定实行特别管制措施。省军区、省武警总队、省有关部门和单位按照省应急指挥中心统一部署组织对灾区进行紧急支援。

烟花爆竹事故预警级别确定后，确定烟花爆竹级别的市或县（市、区）人民政府应当立即启动相应预案。启动高级别预案时，低级别预案同时启动，启动总体预案时，对应的专项预案同时启动。

（二）应急程序

1. 基本应急程序

先行处置：市烟花爆竹应急指挥部接到报告后，立即启动预案，派人赶赴现场，成立现场指挥部，调集本辖区范围内相关应急救援队伍和救援物资进行现场应急救援，并及时向市应急委和省应急指挥中心报告现场处置情况。省、市应急委有关领导到达现场后，由省、市应急委领导决定现场指挥人员的调配。

制定方案：现场指挥部或烟花爆竹应急指挥部根据现场情况制订现场救援方案并组织实施。

部门联动：军分区、市委宣传部、市公安局、市安监局、市交通局、市卫生局、市质监局、市气象局、市电信局、市发展与改革委员会、市电力公司等按各应急小组的分工，各尽其职，相互配合，尽职尽责地做好各项应急工作。

2. 扩大应急

启动本级预案和相应救援力量组织应急救援时，事故难以控制或有扩大、发展的趋势时转入扩大响应。在启动基本响应程序的同时，迅速报请上级应急指挥部办公室请求支援或申请启动高级别预案。

3. 指挥与协调

（1）应急领导机构。重大或特别重大烟花爆竹事故发生后，市县（市、区）应急委均应接受省应急指挥中心的统一指挥，各部门、各单位要服从省烟花爆竹应急指挥机构的调度。

较大烟花爆竹事故发生后，县（市、区）应急委全面负责应急，指挥场所设在市应急办或市烟花爆竹应急指挥部。各部门、单位要服从市烟花爆竹应急指挥机构的调度。

一般烟花爆竹事故发生后，县（市、区）应急委全面负责辖区应急工作，指挥场所设在应急办或烟花爆竹应急指挥部。各部门、单位要服从县（市、区）烟花爆竹应急指挥部的调度。

（2）现场指挥。当发生重特大烟花爆竹事故时市开设现场指挥部组织指挥应急救援工作，先期到达现场的应急救援队伍首先负责现场指挥，市应急委启动时，由其统一指挥。

各县（市、区）应急救援指挥部主要负责自救、互救、群众疏散转移，救援物资保障的组织指挥工作。

应急处置权力转移顺序为市长、市应急委分管主任、秘书长、分管副秘书长。责任部门权力转移顺序为：局长、副局长、职能科（室）科长。

（3）应急结束。烟花爆竹事故应急处置工作完成后，由专家组研究提出报告，报市应急委决定，宣布解除烟花爆竹事故应急状态（必要时发布公告），转入正常工作。

五、后期处置

（一）善后处置

1. 烟花爆竹事故发生后，各级政府和有关职能部门要依法迅速采取有效措施，尽快恢复正常的社会秩序。

2. 市民政局、财政局、统计局等有关部门和当地政府及时调查统计事故影响范围和受灾程度，并按规定向上级报告和向社会公布。

3. 民政部门要迅速设立事件发生地群众安置场所和救济物资供应站，保障灾民的基本生活；及时处理和焚化遇难者尸体，做好家属安抚工作。

4. 卫生部门要设立医疗监测救治站（所），对伤员进行救治，为群众提供常用药品，对食品、饮水进行检测、监督。

5. 建设、交通、电信部门要采取措施，尽快恢复事故单位及周边地区的交通、通信、供水、排水、供电、供气、输油等工程，并对次生灾害源采取紧急防护措施。组织公安和其他有关部门加强治安管理和安全保卫工作，维持事故地区社会秩序。

（二）损失评估

烟花爆竹事故发生后，按国家有关事故调查的规定一定要对事故损失做出定量评估，按照事故级别划分，国家、省或市、县政府委派事故调查组进入现场进行事故调查及损失评估。事故调查组进入事故现场后，立即调查事故情况，并确定事故损失的评估范围。事故调查组一定要评估由事故导致的直接（间接）经济损失，汇总事故中人员伤亡情况。

（三）社会救助

市政府民政部门负责接收和安排国内和国际社会提供的紧急援助。市红十字会负责接收安排境外红十字会和国际社会通过中国红十字会提供的紧急援助。根据不同渠道分级接收、统计、归类整理、分发、监督检查。逐级负责、责任到人。

（四）保险

烟花爆竹事故发生后，保险机构组织在第一时间对烟花爆竹事故造成的损失进行评估、审核和确认，根据保险条例进行理赔。

（五）调查和总结

市烟花爆竹事故应急指挥部组织市公安局、市安监局组成调查小组，负责调查分析事故原因、事故损失情况，由市安监局以文书形式发布。

市公安局负责检测事故致因物，以文书或检测报告形式报告事故调查结果，负责刑事案件的处理。

市安监局负责对较大、重大、特大事故造成的社会影响、事故损失等进行评估。事故调查组在省安监局指导下开展事故调查、损失评估工作。

六、保障措施

（一）应急装备保障

救援所需的消防器材、照明设备、急救药品等由市公安消防部门、市药监局、市卫生局等部门提供，以上所需器材由各部门存放和保管；救援所需的大型机械设备、设施和运输车辆从市内国有企业中调拨使用，由市国资委负责。

（二）应急队伍保障

公安（治安、消防）、医疗队伍是烟花爆竹事故的基本抢险救援队伍。市应急指挥中心加强对各联动单位的组织协调和指导，保障应急工作的有效进行。发生特大烟花爆竹事故，驻场部队和武警部队参与和支援抢险救灾工作。

（三）交通运输保障

加强交通保障，为烟花爆竹事故应急处置工作提供快速、高效、顺畅的交通设施、设备工具、运行秩序等。

烟花爆竹事故发生后，要及时对事故现场或周边地区实行道路交通管制，根据需要和可能组织开设应急救援“绿色通道”。道路设施受损时要迅速组织有关部门和专业队伍进行抢修，尽快恢复良好状态。应急需要时，可紧急动员和征用其他部门及社会交通设备装备。

（四）医疗卫生保障

卫生部门负责应急处置工作中救护保障的组织实施，根据“分级救治”原则，按照现场抢救、院前急救、专科急救的不同环节和需要组织实施救护。发生重大、特大烟花爆竹事故后，医疗救护队伍要迅速进入救灾现场，对伤员实施初步急救措施，稳定伤情，运出危险区后，转入各医院抢救和治疗。

（五）治安保障

烟花爆竹事故发生后，公安治安部门要立即在事故现场周围设立警戒区和警戒线，维持秩序，必要时及时疏散受灾群众。对重要场所、目标和救灾设施加强警卫，禁止无关人员和车辆进入危险区域，在人员疏散区域进行治安巡逻。

（六）物资保障

市发改委、市经贸委负责组织、协调救灾物资的储备、调拨和紧急供应。完善市级物资储备管理制度，增强市级调控能力，各县（市、区）应根据本地烟花爆竹从业单位的数量及涉及烟花爆竹的种类，储备烟花爆竹事故应急时所需物资。烟花爆竹从业单位较多县应建立物资储备库（点），并储备必需的应急物资。加强对储备物资的管理，及时予以补充和更新，必要时，可依据有关法律、法规，及时动员和征用社会物资。

（七）经费保障

市各级政府建立事故应急处置专项资金，由各级政府财政予以保障；应急处置专项资金使用范围包括市应急指挥委确定的工作项目，以及用于应急处置信息化建设、日常运作和保障，相关科研和成果转化、预案修订等；市级财政部门负责监督资金的使用，市级审计部门负责审查资金使用。

（八）紧急避难场所保障

在较大、重大、特大烟花爆竹事故发生后，各级建设、规划主管部门负责受灾群众简易住房建设的技术指导等工作，包括：

1. 选择安全适用的建设场地；

2. 因地制宜制订并提供群众简易住房建设的方案及技术措施；

3. 组织有关工程技术人员对居民简易住房建设提供指导。

（九）技术储备与保障

加强先进的应急处置技术、装备研究工作，建立科学的应急指挥决策支持系统。要在信息综合集成、分析处理、灾害评估的基础上，实现智能化和数字化，确保决策的科学性。

七、宣传、培训和演习

（一）广泛宣传烟花爆竹事故应急工作

在法律法规允许的范围内，将烟花爆竹事故应急预案向社会广泛宣传，并在互联网上公布；公布各地区烟花爆竹事故应急指挥机构办公室值班电话，建立烟花爆竹事故速报系统；利用各种形式广泛宣传有关烟花爆竹事故应急救援的法律法规，及预防各类烟花爆竹事故的科学知识。

（二）组织开展烟花爆竹事故应急培训工作

各种教育培训机构应利用优势，对相关领导、相关职能部门人员、专业救援抢险队伍等应急专业技术人员展开培训，提高应急救援能力；利用网络、电视等媒体，传播烟花爆竹事故救护知识；举办烟花爆竹知识讲座、知识竞赛等活动。

（三）加强事故应急演练

选择烟花爆竹从业单位较多的地区开展烟花爆竹事故应急综合演习，启动预案，群众参与，提高烟花爆竹事故应急常识和应用能力。争取每年开展一次烟花爆竹事故应急救援演练，由市烟花爆竹事故应急指挥部组织，地方政府协助安监等相关职能部门负责具体演练事宜。

八、预案管理

（一）批准与备案

本应急预案报省烟花爆竹事故应急指挥机构备案后纳入《某市突发公共事件总体应急预案》中，由某市人民政府发布。县（市、区）烟花爆竹事故应急预案报市烟花爆竹事故应急指挥部办公室（市安监局）备案后，纳入县（市、区）突发公共事件总体应急预案中，由各县（市、区）人民政府发布。

（二）修订

根据情况的变化和国家法律、法规的修改情况，及时对本预案进行修订。

九、奖励与惩处

（一）奖励

在烟花爆竹事故应急活动中有下列事迹之一的，由其所在单位、上级机关或者地方政府给予表彰或者奖励：

1. 出色完成烟花爆竹事故应急任务的；

2. 保护国家、集体和公民财产或者抢救人员有功的；

3. 及时排除险情，防止事故进一步扩大，成绩显著的；

4. 对烟花爆竹事故应急工作提出重大建议，实施效果显著的；

5. 因事故情况测报准确和信息传递及时而减轻事故损失的；

6. 及时供应用于应急救援的物资和工具或者节约经费开支，成绩显著的；

7. 有其他特殊贡献的。

（二）惩处

有下列行为之一者，视其情节轻重和危害后果，对直接责任人及主要负责人给予相应党纪政纪处分，构成犯罪的，依法追究刑事责任。

1. 在烟花爆竹事故发生后玩忽职守，迟报、漏报、虚报、瞒报、误报事件情况，延误处置的；

2. 在处理应急事故中不坚守岗位、不听指挥、不认真负责或在紧要关头临阵逃脱的；

3. 违抗或不认真执行指挥部命令，拒不承担应急任务或拒绝提供应急物资的；

4. 挪用、盗窃、贪污抢险救灾救济钱款和物资的；

5. 阻碍应急处理、应急救援和工作人员依法执行公务的；

6. 不遵守保密制度，泄露秘密的；

7. 其他危害抢险救灾工作的。

十、附则

1. 本预案由某市安全生产监督管理局负责制定和解释。

2. 本预案自发布之日起施行。

第二节　加强安全管理进行事故预防

危险品单位也应当制定本单位事故应急救援预案，配备应急救援人员和必要的应急救援器材、设备，并定期组织演练。事故应急救援预案应当报设区的市级人民政府负责危险化学品安全监督管理综合工作的部门备案。

发生事故单位主要负责人应当按照本单位制定的应急救援预案，立即组织救援，并立即报告当地负责安全监督管理综合工作的部门和公安、环境保护、质检部门。

发生事故，有关地方人民政府应当做好指挥、领导工作。负责安全监督管理综合工作的部门和环境保护、公安、卫生等有关部门，应当按照当地应急救援预案组织实施救援，不得拖延、推诿。有关地方人民政府及其有关部门并应当按照下列规定，采取必要措施，减少事故损失，防止事故蔓延、扩大。

1. 立即组织营救受害人员，组织撤离或者采取其他措施保护危害区域内的其他人员；

2. 迅速控制危害源，并对危险品造成的危害进行检验、监测，测定事故的危害区域、危险品性质及危害程度；

3. 针对危险品事故造成的危害进行监测、处置，直至符合国家环境保护标准。

危险品生产和销售企业可向管理部门申请为危险品事故应急救援提供技术指导和必要的协助。

具体预防措施我国《烟花爆竹安全管理条例》中做出了明确的要求。

附：烟花爆竹安全管理条例

第一章 总 则

第一条 为了加强烟花爆竹安全管理，预防爆炸事故发生，保障公共安全和人身、财产的安全，制定本条例。

第二条 烟花爆竹的生产、经营、运输和燃放，适用本条例。

本条例所称烟花爆竹，是指烟花爆竹制品和用于生产烟花爆竹的民用黑火药、烟火药、引火线等物品。

第三条 国家对烟花爆竹的生产、经营、运输和举办焰火晚会以及其他大型焰火燃放活动，实行许可证制度。未经许可，任何单位或者个人不得生产、经营、运输烟花爆竹，不得举办焰火晚会以及其他大型焰火燃放活动。

第四条 安全生产监督管理部门负责烟花爆竹的安全生产监督管理；公安部门负责烟花爆竹的公共安全管理；质量监督检验部门负责烟花爆竹的质量监督和进出口检验。

第五条 公安部门、安全生产监督管理部门、质量监督检验部门、工商行政管理部门应当按照职责分工，组织查处非法生产、经营、储存、运输、邮寄烟花爆竹以及非法燃放烟花爆竹的行为。

第六条　烟花爆竹生产、经营、运输企业和焰火晚会以及其他大型焰火燃放活动主办单位的主要负责人，对本单位的烟花爆竹安全工作负责。烟花爆竹生产、经营、运输企业和焰火晚会以及其他大型焰火燃放活动主办单位应当建立健全安全责任制，制定各项安全管理制度和操作规程，并对从业人员定期进行安全教育、法制教育和岗位技术培训。

中华全国供销合作总社应当加强对本系统企业烟花爆竹经营活动的管理。

第七条　国家鼓励烟花爆竹生产企业采用提高安全程度和提升行业整体水平的新工艺、新配方和新技术。

第二章　生 产 安 全

第八条　生产烟花爆竹的企业，应当具备下列条件：

（一）符合当地产业结构规划；

（二）基本建设项目经过批准；

（三）选址符合城乡规划，并与周边建筑、设施保持必要的安全距离；

（四）厂房和仓库的设计、结构和材料以及防火、防爆、防雷、防静电等安全设备、设施符合国家有关标准和规范；

（五）生产设备、工艺符合安全标准；

（六）产品品种、规格、质量符合国家标准；

（七）有健全的安全生产责任制；

（八）有安全生产管理机构和专职安全生产管理人员；

（九）依法进行了安全评价；

（十）有事故应急救援预案、应急救援组织和人员，并配备必要的应急救援器材、设备；

（十一）法律、法规规定的其他条件。

第九条　生产烟花爆竹的企业，应当在投入生产前向所在地设区的市人民政府安全生产监督管理部门提出安全审查申请，并提交能够证明符合本条例第八条规定条件的有关材料。设区的市人民政府安全生产监督管理部门应当自收到材料之日起20日内提出安全审查初步意见，报省、自治区、直辖市人民政府安全生产监督管理部门审查。省、自治区、直辖市人民政府安全生产监督管理部门应当自受理申请之日起45日内进行安全审查，对符合条件的，核发《烟花爆竹安全生产许可证》；对不符合条件的，应当说明理由。

第十条　生产烟花爆竹的企业为扩大生产能力进行基本建设或者技术改造的，应当依照本条例的规定申请办理安全生产许可证。生产烟花爆竹的企业，持《烟花爆竹安全生产许可证》到工商行政管理部门办理登记手续后，方可从事烟花爆竹生产活动。

第十一条　生产烟花爆竹的企业，应当按照安全生产许可证核定的产品种类进行生产，生产工序和生产作业应当执行有关国家标准和行业标准。

第十二条　生产烟花爆竹的企业，应当对生产作业人员进行安全生产知识教育，对从事药物混合、造粒、筛选、装药、筑药、压药、切引、搬运等危险工序的作业人员进行专业技术培训。从事危险工序的作业人员经设区的市人民政府安全生产监督管理部门考核合格，方可上岗作业。

第十三条　生产烟花爆竹使用的原料，应当符合国家标准的规定。生产烟花爆竹使用的原料，国家标准有用量限制的，不得超过规定的用量。不得使用国家标准规定禁止使用或者禁忌配伍的物质生产烟花爆竹。

第十四条　生产烟花爆竹的企业，应当按照国家标准的规定，在烟花爆竹产品上标注燃放说明，并在烟花爆竹包装物上印制易燃易爆危险物品警示标志。

第十五条　生产烟花爆竹的企业，应当对黑火药、烟火药、引火线的保管采取必要的安全技术措施，建立购买、领用、销售登记制度，防止黑火药、烟火药、引火线丢失。黑火药、烟火药、引火线丢失的，企业应当立即向当地安全生产监督管理部门和公安部门报告。

第三章　经营安全

第十六条　烟花爆竹的经营分为批发和零售。从事烟花爆竹批发的企业和零售经营者的经营布点，应当经安全生产监督管理部门审批。禁止在城市市区布设烟花爆竹批发场所。城市市区的烟花爆竹零售网点，应当按照严格控制的原则合理布设。

第十七条　从事烟花爆竹批发的企业，应当具备下列条件：

（一）具有企业法人条件；

（二）经营场所与周边建筑、设施保持必要的安全距离；

（三）有符合国家标准的经营场所和储存仓库；

（四）有保管员、仓库守护员；

（五）依法进行了安全评价；

（六）有事故应急救援预案、应急救援组织和人员，并配备必要的应急救援器材、设备；

（七）法律、法规规定的其他条件。

第十八条　烟花爆竹零售经营者，应当具备下列条件：

（一）主要负责人经过安全知识教育；

（二）实行专店或者专柜销售，设专人负责安全管理；

（三）经营场所配备必要的消防器材，张贴明显的安全警示标志；

（四）法律、法规规定的其他条件。

第十九条　申请从事烟花爆竹批发的企业，应当向所在地省、自治区、直辖市人民政府安全生产监督管理部门或者其委托的设区的市人民政府安全生产监督管理部门提出申请，并提供能够证明符合本条例第十七条规定条件的有关材料。受理申请的安全生产监督管理部门应当自受理申请之日起30日内对提交的有关材料和经营场所进行审查，对符合条件的，核发《烟花爆竹经营（批发）许可证》；对不符合条件的，应当说明理由。

申请从事烟花爆竹零售的经营者，应当向所在地县级人民政府安全生产监督管理部门提出申请，并提供能够证明符合本条例第十八条规定条件的有关材料。受理申请的安全生产监督管理部门应当自受理申请之日起20日内对提交的有关材料和经营场所进行审查，对符合条件的，核发《烟花爆竹经营（零售）许可证》；对不符合条件的，应当说明理由。

《烟花爆竹经营（零售）许可证》，应当载明经营负责人、经营场所地址、经营期限、烟花爆竹种类和限制存放量。

烟花爆竹的批发企业、零售经营者，持烟花爆竹经营许可证到工商行政管理部门办理登记手续后，方可从事烟花爆竹经营活动。

第二十条　从事烟花爆竹批发的企业，应当向生产烟花爆竹的企业采购烟花爆竹，向从事烟花爆竹零售的经营者供应烟花爆竹。从事烟花爆竹零售的经营者，应当向从事烟花爆竹批发的企业采购烟花爆竹。从事烟花爆竹批发的企业、零售经营者不得采购和销售非法生产、经营的烟花爆竹。从事烟花爆竹批发的企业，不得向从事烟花爆竹零售的经营者供应按照国家标准规定应由专业燃放人员燃放的烟花爆竹。从事烟花爆竹零售的经营者，不得销售按照国家标准规定应由专业燃放人员燃放的烟花爆竹。

第二十一条 生产、经营黑火药、烟火药、引火线的企业，不得向未取得烟花爆竹安全生产许可的任何单位或者个人销售黑火药、烟火药和引火线。

第四章 运 输 安 全

第二十二条 经由道路运输烟花爆竹的，应当经公安部门许可。经由铁路、水路、航空运输烟花爆竹的，依照铁路、水路、航空运输安全管理的有关法律、法规、规章的规定执行。

第二十三条 经由道路运输烟花爆竹的，托运人应当向运达地县级人民政府公安部门提出申请，并提交下列有关材料：

（一）承运人从事危险货物运输的资质证明；

（二）驾驶员、押运员从事危险货物运输的资格证明；

（三）危险货物运输车辆的道路运输证明；

（四）托运人从事烟花爆竹生产、经营的资质证明；

（五）烟花爆竹的购销合同及运输烟花爆竹的种类、规格、数量；

（六）烟花爆竹的产品质量和包装合格证明；

（七）运输车辆牌号、运输时间、起始地点、行驶路线、经停地点。

第二十四条 受理申请的公安部门应当自受理申请之日起3日内对提交的有关材料进行审查，对符合条件的，核发《烟花爆竹道路运输许可证》；对不符合条件的，应当说明理由。

《烟花爆竹道路运输许可证》应当载明托运人、承运人、一次性运输有效期限、起始地点、行驶路线、经停地点、烟花爆竹的种类、规格和数量。

第二十五条 经由道路运输烟花爆竹的，除应当遵守《中华人民共和国道路交通安全法》外，还应当遵守下列规定：

（一）随车携带《烟花爆竹道路运输许可证》；

（二）不得违反运输许可事项；

（三）运输车辆悬挂或者安装符合国家标准的易燃易爆危险物品警示标志；

（四）烟花爆竹的装载符合国家有关标准和规范；

（五）装载烟花爆竹的车厢不得载人；

（六）运输车辆限速行驶，途中经停一定要有专人看守；

（七）出现危险情况立即采取必要的措施，并报告当地公安部门。

第二十六条　烟花爆竹运达目的地后，收货人应当在3日内将《烟花爆竹道路运输许可证》交回发证机关核销。

第二十七条　禁止携带烟花爆竹搭乘公共交通工具。

禁止邮寄烟花爆竹，禁止在托运的行李、包裹、邮件中夹带烟花爆竹。

第五章　燃放安全

第二十八条　燃放烟花爆竹，应当遵守有关法律、法规和规章的规定。县级以上地方人民政府可根据本行政区域的实际情况，确定限制或者禁止燃放烟花爆竹的时间、地点和种类。

第二十九条　各级人民政府和政府有关部门应当开展社会宣传活动，教育公民遵守有关法律、法规和规章，安全燃放烟花爆竹；广播、电视、报刊等新闻媒体，应当做好安全燃放烟花爆竹的宣传、教育工作；未成年人的监护人应当对未成年人进行安全燃放烟花爆竹的教育。

第三十条　禁止在下列地点燃放烟花爆竹：

（一）文物保护单位；

（二）车站、码头、飞机场等交通枢纽以及铁路线路安全保护区内；

（三）易燃易爆物品生产、储存单位；

（四）输变电设施安全保护区内；

（五）医疗机构、幼儿园、中小学校、敬老院；

（六）山林、草原等重点防火区；

（七）县级以上地方人民政府规定的禁止燃放烟花爆竹的其他地点。

第三十一条　燃放烟花爆竹，应当按照燃放说明燃放，不得以危害公共安全和人身、财产安全的方式燃放烟花爆竹。

第三十二条　举办焰火晚会以及其他大型焰火燃放活动，应当按照举办的时间、地点、环境、活动性质、规模以及燃放烟花爆竹的种类、规格和数量，确定危险等级，实行分级管理。分级管理的具体办法，由国务院公安部门规定。

第三十三条　申请举办焰火晚会以及其他大型焰火燃放活动，主办单位应当按照分级管理的规定，向有关人民政府公安部门提出申请，并提交下列有关材料：

（一）举办焰火晚会以及其他大型焰火燃放活动的时间、地点、环境、活动性质、规模；

（二）燃放烟花爆竹的种类、规格、数量；

（三）燃放作业方案；

（四）燃放作业单位、作业人员符合行业标准规定条件的证明。

受理申请的公安部门应当自受理申请之日起20日内对提交的有关材料进行审查，对符合条件的，核发《焰火燃放许可证》；对不符合条件的，应当说明理由。

第三十四条　焰火晚会以及其他大型焰火燃放活动燃放作业单位和作业人员，应当按照焰火燃放安全规程和经许可的燃放作业方案进行燃放作业。

第三十五条　公安部门应当加强对危险等级较高的焰火晚会以及其他大型焰火燃放活动的监督检查。

第六章　法 律 责 任

第三十六条　对未经许可生产、经营烟花爆竹制品，或者向未取得烟花爆竹安全生产许可的单位或者个人销售黑火药、烟火药、引火线的，由安全生产监督管理部门责令停止非法生产、经营活动，处2万元以上10万元以下的罚款，并没收非法生产、经营的物品及违法所得；对未经许可经由道路运输烟花爆竹的，由公安部门责令停止非法运输活动，处1万元以上5万元以下的罚款，并没收非法运输的物品及违法所得；非法生产、经营、运输烟花爆竹，构成违反治安管理行为的，依法给予治安管理处罚；构成犯罪的，依法追究刑事责任。

第三十七条　生产烟花爆竹的企业有下列行为之一的，由安全生产监督管理部门责令限期改正，处1万元以上5万元以下的罚款；逾期不改正的，责令停产停业整顿，情节严重的，吊销安全生产许可证。

（一）未按照安全生产许可证核定的产品种类进行生产的；

（二）生产工序或者生产作业不符合有关国家标准、行业标准的；

（三）雇佣未经设区的市人民政府安全生产监督管理部门考核合格的人员从事危险工序作业的；

（四）生产烟花爆竹使用的原料不符合国家标准规定的，或者使用的原料超过国家标准规定的用量限制的；

（五）使用按照国家标准规定禁止使用或者禁忌配伍的物质生产烟花爆竹的；

（六）未按照国家标准的规定在烟花爆竹产品上标注燃放说明，或者未在烟花爆竹的包装物上印制易燃易爆危险物品警示标志的。

第三十八条　从事烟花爆竹批发的企业向从事烟花爆竹零售的经营者供应非法生产、经营的烟花爆竹，或者供应按照国家标准规定应由专业燃放人员燃放的烟花爆竹的，由安全生产监督管理部门责令停止违法行为，处2万元以上10万元以下的罚款，并没收非法经营的物品及违法所得；情节严重的，吊销烟花爆竹经营许可证。

从事烟花爆竹零售的经营者销售非法生产、经营的烟花爆竹，或者销售按照国家标准规定应由专业燃放人员燃放的烟花爆竹的，由安全生产监督管理部门责令停止违法行为，处1000元以上5000元以下的罚款，并没收非法经营的物品及违法所得；情节严重的，吊销烟花爆竹经营许可证。

第三十九条　生产、经营、使用黑火药、烟火药、引火线的企业，丢失黑火药、烟火药、引火线，未及时向当地安全生产监督管理部门和公安部门报告的，由公安部门对企业主要负责人处5000元以上2万元以下的罚款，对丢失的物品予以追缴。

第四十条　经由道路运输烟花爆竹，有下列行为之一的，由公安部门责令改正，处200元以上2000元以下的罚款。

（一）违反运输许可事项的；

（二）未随车携带《烟花爆竹道路运输许可证》的；

（三）运输车辆没有悬挂或者安装符合国家标准的易燃易爆危险物品警示标志的；

（四）烟花爆竹的装载不符合国家有关标准和规范的；

（五）装载烟花爆竹的车厢载人的；

（六）超过危险物品运输车辆规定时速行驶的；

（七）运输车辆途中经停没有专人看守的；

（八）运达目的地后，未按规定时间将《烟花爆竹道路运输许可证》交回发证机关核销的。

第四十一条 对携带烟花爆竹搭乘公共交通工具，或者邮寄烟花爆竹以及在托运的行李、包裹、邮件中夹带烟花爆竹的，由公安部门没收非法携带、邮寄、夹带的烟花爆竹，并处200元以上1000元以下的罚款。

第四十二条 对未经许可举办焰火晚会以及其他大型焰火燃放活动，或者焰火晚会以及其他大型焰火燃放活动燃放作业单位和作业人员违反焰火燃放安全规程、燃放作业方案进行燃放作业的，由公安部门责令停止燃放，对责任单位处1万元以上5万元以下的罚款。

在禁止燃放烟花爆竹的时间、地点燃放烟花爆竹，或者以危害公共安全和人身、财产安全的方式燃放烟花爆竹的，由公安部门责令停止燃放，处100元以上500元以下的罚款；构成违反治安管理行为的，依法给予治安管理处罚。

第四十三条 对没收的非法烟花爆竹以及生产、经营企业弃置的废旧烟花爆竹，应当就地封存，并由公安部门组织销毁、处置。

第四十四条 安全生产监督管理部门、公安部门、质量监督检验部门、工商行政管理部门的工作人员，在烟花爆竹安全监管工作中滥用职权、玩忽职守、徇私舞弊，构成犯罪的，依法追究刑事责任；尚不构成犯罪的，依法给予行政处分。

第七章 附 则

第四十五条《烟花爆竹安全生产许可证》、《烟花爆竹经营（批发）许可证》、《烟花爆竹经营（零售）许可证》，由国务院安全生产监督管理部门规定式样；《烟花爆竹道路运输许可证》、《焰火燃放许可证》，由国务院公安部门规定式样。

第四十六条　本条例自公布之日起施行。

第三节　发生烟花爆竹事故处理方法

案例 1

2009 年 1 月 4 日，山东省潍坊市潍城区一废弃窑场发生一起非法加工烟花爆竹造成的重大爆炸事故。犯罪嫌疑人凌希恩(男，45 岁，阳信县河流镇凌家村村民)，从 2008 年 11 月份开始，以作涂料仓库的名义租用当地村民王景东废弃窑场房屋，非法制造烟花爆竹，平时院门紧闭，不与外界沟通。2009 年 1 月 3 日发生爆炸时，现场人员共有 16 人，其中，4 男 12 女，全部系山东省阳信县人。经现场施救并进一步清理调查，有 2 人受伤获救，13 人死亡，有 1 人脱离现场。

案例 2

新疆 S202 省道（吐鲁番市区至七泉湖镇）以北 3 ~4 公里

戈壁滩沟壑内（距市区约30公里），卸载准备集中销毁的烟花爆竹时，突然发生重大爆炸事故，造成参与销毁的工作人员中26人死亡，3人下落不明，9人受伤，9辆车毁坏，1辆车受损。

案例3

湖南省安化县“9·15”特大烟花爆竹爆炸事故，造成13人死亡、4人受伤。

原因基本查明：混药工违规操作引发爆炸，花炮厂擅自改变工房用途，导致工房间距不够，造成连环爆炸扩大事故。

根据专家组的调查分析，事故的直接原因有三点：一是混药工封某严重违反操作规程，在混合国家明令禁止的氯酸钾、铅粉等高感度烟火剂的过程中操作不当引发爆炸；二是由于混药房药物量过大，爆炸后产生的冲击波引起了相邻间距过小且无防护屏障的装药工房连环爆炸；三是违反相关安全操作规程，装药、敷药工房超员。

这些爆炸了的工房是按C级工房设计的，不符合应按最高危险等级工房设计要求。因此，事故的间接原因，一是江南花炮厂擅自改变工房用途，提高了危险等级；二是严重违反市、县政府和安监部门关于高温3个月期间烟花爆竹企业一律停产整改、9月底开工前一定要经县安监部门复查批准的规定，擅自开工生产；三是原发证监管部门把关不严，爆炸工房不符合安全生产的基本条件却颁发了安全生产许可证。另外，安全评价机构同样把关不严作出了“基本合格”的评价结论，企业法人表面接受停产整顿指令，却只是改白天生产为晚上生产，员工没有经过培训就上岗。江南镇政府也一直“没发现问题”。

一、发生烟花爆竹引起的火灾事故处理方法

（一）制定好灭火预案，做好火灾扑救工作的准备

一是应加强对消防指战员关于烟花爆竹火灾知识的教育和

培训，使其了解烟花爆竹火灾发生发展的条件和特点。二是制定好相应的灭火预案，定期开展灭火演练，熟练掌握生产和销售烟花爆竹火灾地点的情况，根据不同情况，正确使用灭火方法。

（二）防止爆炸伤人，造成人员伤亡

烟花爆竹火灾，燃烧而尚未爆炸，要首先设法防止爆炸发生。要把药库、成品库作为重点灭火部位，当火势威胁到这些部位时，一定要集中一定力量，阻止火势向这些部位蔓延，并对这些部位进行冷却。扑救火灾时要及时划定警戒线，禁止一切无关人员越过警戒线。在有发生爆炸危险的情况下，一线灭火的人员应尽量减少。对有爆炸危险的厂房、仓库着火，应采用大口径水枪远程扑救，要充分利用就近地形、地物作掩体，以防发生爆炸时伤人。

（三）正确选用灭火剂灭火

一是对纸张、木炭、材料库等一般可燃物发生火灾，或装有药的成品、半成品纸筒燃烧，均可用水扑救。二是对镁粉、铝粉、锌粉、钛粉等金属粉末火灾不可用水施救，也禁止使用二氧化碳灭火剂灭火。三是对三硫化四磷、五硫化二磷等硫的磷化物遇水或潮湿空气，可分解产生易燃有毒的硫化氢气体，所以也不可用水施救。四是对大部分氧化剂引起的火灾都能用水扑救，最好用雾状水。一般也可用沙土进行扑救。

（四）正确采用灭火的方法

一是避免水枪直接冲击。在使用大口径水枪射水灭火时，要防止直接冲击花炮和原料堆垛，以免因撞击导致堆垛倒塌而发生爆炸。大口径射流，也不可直射简易厂房结构的承重墙，防止可能倒塌伤人。

二、爆炸事故处置措施

（一）由烟花爆竹引起的爆炸事故，一定要及时地、科学地进行现场救护。

1. 爆炸发生后，救护组成员马上到现场查看有无人员受伤；

2. 如伤者身上有着火处，立即用干粉灭火器喷射，扑灭火焰；

3. 立即将伤者带离现场，送到安全和空气新鲜处用醋冲洗脸部，并让伤者大量饮水，情况严重者立即送医院治疗抢救；

4. 如伤者有出现破伤出血，特别是动脉出血。应迅速采取临时急救措施，止血后再送医院治疗。

（二）在爆炸事故发生中，应迅速开展自救、互救和抢救，以减少伤亡和损失。自救方法如下：

1. 卧倒自救

烟火药剂发生爆炸时，首先看到的是闪光，因为光速比声速快得多（光速 3×10^8m/s，声速 340m/s）。因此，现场人员看到较大的闪光，就应该立即卧倒，卧倒时尽量选择桌、凳架下，一只手在额前，另一只手盖住后脑，以防砖块，杂物落下时击中大脑。

2. 离开自救

事故发生是突然的，部分现场的职工被这突如其来的事故吓得惊慌失措，乱喊乱跑，造成了现场混乱的局面，往往会失去自救的良机。其正确的自救方法应是迅速镇定下来，赶快离开现场，不论伤势轻重，应该挣扎出去，身姿低矮、沿墙行走，以减少事故扩大。

3. 滚地自救

药物爆炸后，紧接着就是燃烧，现场职工若身上粘有药尘，就很容易引火烧身。当衣服燃烧后，正确方法是应立即脱掉或撕掉燃烧的衣服或用湿衣服、湿麻袋披盖，千万不要仓惶乱跑，以免借风之助使火烧得更旺。没有以上这些条件的时候，应迅速就地打滚，利用滚地熄灭身上的火焰，以达到自救的目的。

4. 止血自救

烟火药剂爆炸事故中，最容易出现破伤流血，特别是动脉出血，一定要尽快进行自救止血，千万不能坐等来人抢救。一般迅速有效的方法是：指压止血法，其要领是在出血部位的上方一处，用拇指或其余四指把动脉管压在骨面上，以止住出血，紧急情况时可隔着衣服压迫。对动脉出血用指压法止血后，需立即换用其他止血法，再送医院治疗。

《农民实用知识读本》系列丛书

书号	书名	定价
F·1470	怎样利用国家对“三农”的优惠政策	15.00
F·1453	怎样领取国家财政给农民的各种补贴	15.00
F·1463	怎样利用农村小额贷款	15.00
F·1471	如何参加农民养老、医疗、救助等社会保障	15.00
F·1451	农民经营注意事项	15.00
F·1421	农村产权问答	15.00
D·0069	农村妇女儿童如何保护自己的权益	15.00
F·1468	农村土地流转应注意的问题	15.00
F·1420	做一名合格的餐厅服务员	15.00
F·1417	做一名合格的前厅服务员	15.00
F·1419	做一名合格的客房服务员	15.00
R·0011	做一名合格的养老护理员	15.00
G·0033	做一名合格的育婴员	15.00
G·0031	做一名合格的保育员	15.00
TS·0009	做一名合格的保洁员	15.00
F·1467	做一名合格的家政服务员	15.00
D·0067	做一名合格的保安	15.00
R·0013	做一名合格的护工	15.00
F·1422	做一名合格的营业员	15.00

书号	书名	定价
F·1423	做一名合格的收银员	15.00
R·0012	做一名合格的营养配餐员	15.00
R·0010	做一名合格的验光配镜员	15.00
F·1416	做一名合格的仓储保管运输员	15.00
S·0010	做一名合格的洗染织补员	15.00
F·1433	如何回收挑选和加工废旧物资	15.00
F·1418	烟花爆竹营销注意事项	15.00
TS·0012	如何加工茶叶	15.00
TS·0016	如何进行蜂产品加工和检验	15.00
TS·0013	如何进行蔬菜加工	15.00
TS·0015	如何进行果品加工	15.00
TS·0020	如何进行野生植物原料加工	15.00
S·0018	如何给庄稼"看病"	15.00
TS·0011	茶叶与茶艺	15.00
F·1472	农村商品收购注意事项	15.00
S·0020	如何进行农业专用机械操作	15.00
TS·0019	如何进行水产品原料处理	15.00
S·0019	如何做一名护林员	15.00
TS·0018	如何进行棉花的加工	15.00
TS·0017	如何进行剑麻的加工	15.00
TQ·0001	如何进行天然橡胶的加工	15.00
TS·0014	如何进行竹、藤、麻、棕、革制品的加工	15.00
S·0021	如何做好动物疫病防治	15.00